KB066643

하얼빈 할빈 하르빈

# 하얼빈 할빈 하르빈

박영희 지음

아시아

# 겨울이 아름다운 도시 하얼빈

쑹화강 남쪽 기슭에 자리한 하얼빈을 이야기할 때 빠지지 않고 등장하는 나라가 있다. 바로 러시아이다. 1898년 러시아는 시베리아에서 하얼빈을 잇는 동청철도를 건설하는데, 하얼빈도 그때 생겨난 도시 중 하나였다.

몇 차례 하얼빈을 다녀오긴 했지만 정작 그곳에서 머문 기간은 얼마 되지 않는다. 하루나 이틀, 잠시 쉬어가는 정도였다. 만저우리(滿洲里), 쑤이펀허(綏芬河), 헤이허(黑河) 등 만주의 국경 지역을 여행하려면 중간에서 기차를 한번 갈아타야 하는데, 하얼빈이 그 기착지였던 셈이다. 오래 전 러시아가 하얼빈에 눈독을 들인 것도 나는 그 때문이라 여겼다. 하얼빈은 러시아로 통하는 중국 북방의 관문이자, 만주의 심장이었던 것이다.

우리에게 하얼빈은 어떤 곳일까? 1909년 10월 26일, 하얼빈역에서 세 발의 총성이 울려 퍼졌다. 그리고 그 중심에 안중근 의사가 있었다. 누군가의 환영곡을 장송곡으로 뒤바꿔버린, 세 발의 총성은 간결했다. 하얼빈역 1번 플랫폼 바닥에 표시된 삼각형은 도마가 총을 겨눈 자리,

사각형은 이토 히로부미의 숨이 끊어진 자리였던 것이다.

그렇지만 다른 한편으로 하얼빈은 궁금증을 자아내는 도시였다. 거칠고 황량한 만주 땅에 저 같은 도시가 있었다니……! 러시아가 터를 닦고 러시아가 직접 건설한, 2004년 겨울 하얼빈을 처음 찾았을 때 나는 입을 다물지 못했다. 중국 동북 지역에서 가장 화려한 거리로 손꼽히는 하얼빈의 중앙대가(中央大街)는 '동방의 모스크바'라는 말이 훨씬 더 잘 어울려 보였다. 북방의 도시답게 하얼빈은 기온이 영하로 떨어질수록 더욱 생동감이 넘쳤다.

러시아의 정취가 물씬 풍겨나는 키타이스카야 거리(중앙대가)에서 나는 이효석과 정율성을 만났다. 키타이스카야 거리를 누구보다 사랑한 소설가 이효석은 70여 년 전 하얼빈을 두 차례 다녀갔고, 중국의 3대 음악가로 추앙받는 정율성은 그의 업적을 기리는 기념관이 중앙대가에서 가까운 우의로(友誼路)에 있었다. 두 사람 모두 길지 않은 생을 살다갔지만 하얼빈에서 다시 만나니 감회가 새로웠다. 겨울에 더욱 자태를 뽐내는 쑹화강과 태양도는 축제가 한창이었다. 겨울에만 무려 100만 명 이상의 여행객이 몰려올 정도로 하얼빈 빙설축제는 "신나게도 춥다"는 말이 오히려 시원하게 들렸다. 하루는 일부러 짬을 내 '모국어 여행'을 다녀오기도 했다. 갖은 고초 속에서도 하얼빈 조선족들이 지켜낸 우리의 전통문화와 모국어 사랑은 훈훈한 감동을 안겨주었다.

다오와이구(道外區) 베이산다오지에(北三道街)는 100년 전 상가와 가옥, 하얼빈 토박이(한족)들의 속살을 들여다볼 유일한 마을이다. 유럽풍의 중앙대가를 거닐다 예쁜 엽서에 눈길이 갔다면 중화풍의 늙은 거리에서는 밤새워 긴 편지를 쓰고 싶었다. 하얼빈 사람들은 베이산다오지에를 라오따오와이(老道外)라 부르기도 하는데, 늙었다는 것은 결코 슬픈 일이 아니다. 그곳에서 만난 한족들은 단지 조금 오래되었을 뿐이라며 '만만디(慢慢的)' 미소까지 선물로 주었다. 다오와이구에서는 청나라 마지막 관청인 다오타이부와 공자를 모신 사당도 함께 둘러보았다.

난강구(南崗區) 궈거리따지에(果戈里大街)는 근대와 현대가 절묘하게 배합된 이색적인 거리를 연출했다. 다오리구(道里區)에 중앙대가를 먼저 건설한 러시아는 미국, 영국 등 각국의 영사관들이 들어선 궈거리따지에를 두 번째 조계지로 삼는데, 천(川) 주변으로 형성된 유럽풍의 카페와 밤 풍경이 인상적이었다. 헤이룽장성박물관에 있는 러시아 뮤지엄은 별 생각 없이 들어갔다가 보화를 얻은 기분이었다. 자그만 어촌이었던 하얼빈을 음악의 도시로 변모시킨 러시아 음악의 거장들과 당시의 자료들이 고스란히 남아 있었다.

하얼빈 친구와 저녁을 먹는 자리였다. 진담인 듯 농담처럼 던진 친구의 한마디가 묘한 여운을 남겼다. "하얼빈에서 탕! 탕! 탕! 이 세 방이 없었다면 조선의 자존심은 물론이고 한국사마저 더욱 슬퍼지지 않았을까?" 꼭 친구의 말이 아니라도 여행 중에 뮤지컬 〈영웅〉을 하얼빈 현장에서 관람한 터라 당시의 공판 기록을 토대로 '하얼빈 거사'를 재연해보았다. 블라디보스토크-쑤이펀허-차이자거우(蔡家溝)-자오린공원-지훙차오(霽虹橋)-하얼빈역-일본 영사관으로 이어지는 역사의 현장을 빠트린다면 두고두고 후회할 것 같았다. 영화 〈암살〉의 여주인공으로 회자됐던 남자현도 하얼빈에서 기구한 생을 마감해 몇 자 보탰다.

『하얼빈 할빈 하르빈』은 최근(2015년 2월) 여행을 중심으로 지난 여행을 첨가하는 방식으로 쓰였다. 지명은 만주에 거주하는 조선족을 배려해 우리식 한자어와 현지의 발음을 분류해 표기했다. 조선족 중 흑룡강성을 헤이룽장성으로, 연변을 옌볜으로 발음하는 경우는 극히 드물었다.

벌써 또 겨울이다. 연암이 그랬던 것처럼 단출하게, 북방으로 떠날 행장을 꾸리는 중이다.

2015년 겨울
박영희

# 목차

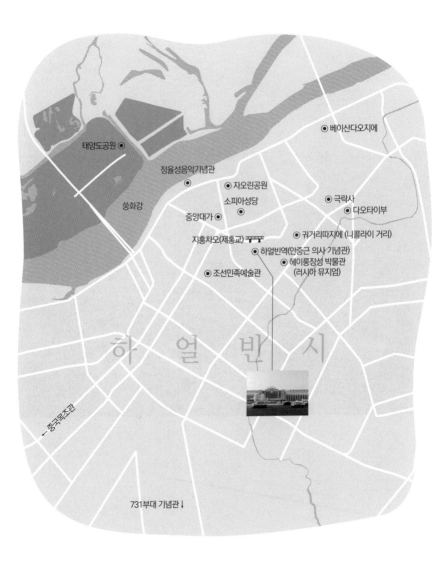

베이산다오지에 ⊙

태양도공원 ⊙

정율성음악기념관
⊙

쑹화강

자오린공원 ⊙

소피아성당
⊙

극락사 ⊙

다오타이부 ⊙

중앙대가 ⊙

궈거리따지에 (니콜라이 거리) ⊙

지훙차오(제홍교) ⌁⌁⌁

하얼빈역(안중근 의사 기념관) ⊙

조선민족예술관 ⊙

헤이룽장성 박물관
(러시아 뮤지엄) ⊙

하 얼 빈 시

← 중국목조관

731부대 기념관 ↓

# 야간열차

옌지(延吉)의 식당들이 문을 닫고 있다. 한국에서 저녁 여덟 시면 술자리가 한창 무르익어갈 때지만, 만주(滿洲)는 사정이 좀 다르다. 특히 겨울철에는 오후 네 시경 해가 저물어, 저녁 여덟 시면 한밤중으로 접어든다. 나는 20시 49분에 옌지를 떠나는 하얼빈행 기차에 올랐다.

할빈, 하얼빈, 하르빈, 하얼삔, 합이빈.

이 중에서 어느 것이 맞고 어느 것이 틀린가? 한 도시의 이름이 너무 많다. 옌볜 지역의 룽징, 투먼, 왕청, 허룽, 훈춘과는 어감부터 다르다. '할빈'이 약간 날쌘 느낌이라면 '하르빈'은 젊어 보이고, '합이빈'이 왠지 좀 늙은 느낌이면 '하얼삔'은 다른 풍모가 풍긴다.

설핏, 눈을 떴을 때만 해도 나는 꿈을 꾼 줄 알았다. 그러나 울음소리는 더욱 커지고 있다. 달리는 기차에서 닭이 홰치는 소리를 듣다니……! 가만 숨을 죽인 채 침대칸 커튼을 젖혔다. 차창 밖으로 눈이 내리고 있다. 간간이, 북간도의 삭풍 소리도 들려온다.

매운 계절의 채찍에 갈겨 북방으로 휩쓸려온, 육사(陸史)의 서늘한 눈매가 새벽 차창에 어른거린다. 북방(北方)—, 그다음은 잘 떠오르지 않는다. 까마득한 날에 하늘이 처음 열리고, 어디선가 닭 우는 소리가 들리는, 거기 어디쯤일 거라는 막연한 생각만 든다. 먼 길을 가는 사람은 지나온 길을 곧 잊어야 했던 것이다.

날이 환하게 밝아온 뒤에도 기차는 열심히, 마라토너처럼 달린다.

룽징(龍井)에서 만난 조공례 할머니는 하얼빈에 간다고 하자 화차(火車) 타는 법부터 일러주었다. 여기선 말입지, 식전 기차에 오르므 저녁 늦게나 내리고, 저녁답에 오르므 해가 휘 떠설랑 내린단 말입지. 기러이까네 절대루 서둘지 말라. 인차 타고 내리는 것에 신경을 쓰다보므 심신에 병고가 생긴단 말입지.

한데 무슨 일로 사람들이 보이지 않는다. 12호차 객실을 구석구석 살폈지만 한족들뿐이다.

간밤 옌지역에서 승차할 때만 해도 한족과 조선족 수가 열에 셋쯤은 됐다. 그랬던 조선족들이 하룻밤 사이에 다 어디로 사라진 걸까? 기차가 이미 옌볜 지역을 벗어났다는 걸 안 뒤에야 나는 죄 없는 뒤통수만 긁어댔다. 옌볜 지역에 거주하는 조선족들은 내가 잠들었을 때 자오허(蛟河)나 지린(吉林)에서 하차한 게 분명하다.

기차는 종착역인 하얼빈에 오전 아홉 시경 닿았다. 역사(驛舍)를 빠져

나와 숙소를 찾아가는 길에, 웬 맹인악사가 영하의 날씨 속에서 얼후(二胡)를 연주하고 있었다. 그냥 지나쳐갈까 하다 걸음을 멈춘 건 그의 주변이 너무도 썰렁해서다. 다들 흘깃 쳐다만 보고 지날 뿐, 정작 그의 연주를 들어주거나 적선을 하는 사람은 없다.

마지못해 그의 옆에 쭈그려 앉아 나는 중국의 반체제 시인, 라오웨이(老威)를 떠올린다. 기층민들의 밑바닥을 온몸으로 기록한 「저 낮은 중국」에도 한 맹인악사의 기구한 사연이 담겨 있다.

"그때 저는 겨우 일곱 살이었어요. 머리에 굴건을 두르고 시신 앞에 앉아서 있는 힘을 다해 얼후를 켰죠. 부모님 관 살 돈을 벌기 위해서였어요."

두 줄의 현에서 깊은 한숨처럼 배어 나오는, 그것은 정말 한이었을까?

슬픈데 슬프지가 않았다. 아픈데 아프지가 않았다. 꽉 막혔던 가슴에 아주 작은 구멍이 생기면서 그곳으로, 물이 흐르는 소리가 들린다. 북방의 도시 하얼빈은 이렇듯 감긴 두 눈을 대신해 두 줄의 낡은 현이 나를 맞아준다.

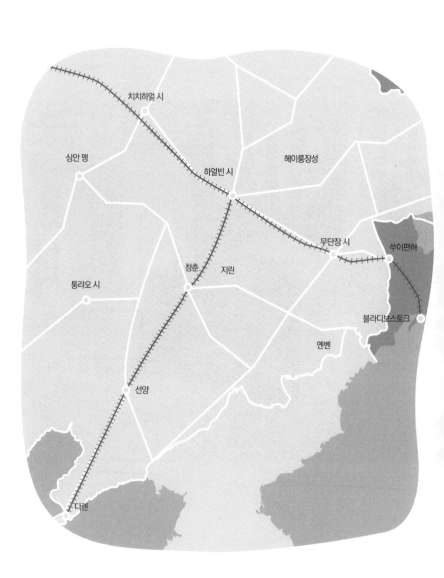

# 동북의 관문 할빈

중국 최북단에 있는 헤이룽장성(黑龍江省)은 한반도 면적의 두 배(460,000㎢)가 넘는, 동북 3성(지린, 랴오닝, 헤이룽장)에서 면적이 제일 큰 성(省) 중 하나이다.

헤이룽장성 일대에서 맨 처음 생겨난 국가는 예맥 계통의 부여로, 바로 고구려가 부여에서 갈라져 나왔다. 한창 전성기일 때 고구려는 지금의 지린성과 랴오닝성, 헤이룽장성, 내몽골, 러시아 연해주 일부를 영토에 두기도 했다. 그러나 고구려와 발해가 망하면서 풍운의 땅이었던 만주도 우리의 기억 속에서 서서히 멀어져갔다. 옛 발해국 수도였던 상경(上京) 용천부가 닝안시 발해진에 아직 남아 있다.

하얼빈의 원주민은 여진족이다. 그들은 주로 쑹화강, 무단강, 헤이룽강 유역과 동만주 해안지방에서 살았다. 숙신, 읍루, 물길, 말갈이 그들의 다른 이름이다. 10세기 초 송(宋)나라 때 처음으로 여진(女眞)이라는 이름이 등장하는데, 우리나라에서는 야인(野人)으로도 불렸다. 1616년

후금을 세워 국호를 청나라로 개칭한 여진족(만주족)은 오늘날의 중국을 있게 한 장본이기도 하다. 신라의 삼국통일처럼 여진족도 분산된 중국의 영토를 하나로 통합한 것이다.

하얼빈 지명에 대해서는 여러 설이 있지만, 그중 많이 거론되는 자료는 「흑룡강여지도(黑龍江與地圖)」이다. 해서여진(海西女眞) 어촌의 본래 이름인 아라진(阿勒錦)이 하라빈(哈羅賓)으로 번역되었다가, 1899년 할빈(哈賓)으로 개칭되었음을 확인할 수 있는데, 현재도 하얼빈에는 여진족의 자취가 곳곳에 남아 있다.

하얼빈에서 아무르강(헤이룽강)이 흐르는 아이훈(璦琿)까지는 북쪽으로 천오백 리. 1858년 러시아는 중국 국경 지역인 아이훈에서 첫 조약을 맺었다. 그러나 '아이훈조약'은 좋지 못한 사례로 남았다. 중국 정부는 고등학생들이 배우는 역사 교과서에 러시아가 중국에 첫 입성한 그 날을 다음과 같이 기록했다.

1858년에 짜리로씨야 동부씨비리(시베리아) 총독은 병선을 이끌고 아이훈성(城)에 덮쳐들어 청조의 헤이룽강 장군 혁산(奕山)에게 중로변계를 다시 구분하자는 무리한 요구를 제출하였다. (처음엔 혁산이 강하게 반대를 했으나) 부패 무능한 혁산은 끝내 굴복하고 말았다.

　중국이 염려한 것처럼 아이훈조약을 빌미로 러시아가 얻어낸 헤이룽강 북방 지역의 방대한 땅(600,000㎢)은 시작에 불과했다. 1860년 '베이징조약'을 통해 러시아는 연해주와 중국의 북동 지역까지 400,000㎢의 땅을 더 확보하게 되는데, 하얼빈도 그 무렵에 생겨난 도시였다.

　만주어로 '그물을 말리는 곳'이라는 뜻에서 잘 나타나듯 하얼빈은 자그마한 어촌이었다. 하얼빈의 지도가 차츰 윤곽을 드러낸 건 1896년, 중국과 러시아 양국이 모스크바에서 협정한 '중러조약'이 그 계기가 되었다.

　이번에도 러시아의 생각은 좀 달랐던 것일까. 모스크바에서 비밀리에 협정한 조약서에는 동청철도를 양국이 공동으로 관리한다는 약정이 들어 있지만, 러시아는 그 너머를 보고 있었다. 양국을 잇는 2,430km의 동청철도만 건설되면 러시아는 산림, 광산, 금 등 자원개발부터 서둘 생각이었다. 1961년 하얼빈시 아청구(阿城區)에서 야철 유적지가 발견되었을 정도로 헤이룽장성 일대는 금과 철 등 자원이 풍부했다. 물론 러시아의 그다음 계획은 만주를 통째로 삼키는 야욕을 품고 있었다.

　1897년 여름, 20만여 명이 투입된 동청철도 건설은 순조롭게 진행되었다. 1901년 3월 만저우리(滿洲里, 내몽골)─하얼빈─쑤이펀허(綏芬河, 헤이룽장성)를 잇는 본선이, 1907년 7월에는 하얼빈─창춘(長春, 지린성)─다롄

(大連, 랴오닝성)을 잇는 남부선이 개통되었다. 그리고 2년 후, 이토 히로부미(伊藤博文)는 이 남부선 철도를 달려와 하얼빈역에서 최후를 맞았다.

서로는 만저우리, 동으로는 쑤이펀허, 남으로는 다롄과 연결된 동청철도를 따라가 본 적 있었다.

만저우리행 기차에 먼저 오른 데는 그럴만한 사정이 있었다. 그곳에 가면 두 개의 국경을 동시에 볼 수 있다는 말에 귀가 솔깃했다. 지금의 '원플러스원'처럼 나는 동시상영 세대다. 운 좋은 날에는 미성년자 신분으로 쇼까지 즐겼던. 아무튼 기차가 내몽골 접경지역인 하이라얼(海拉爾)로 접어들면서 너무 많은 것들이 교차했다. 땅도 다르고, 하늘의 색깔도 다르고, 바람 소리마저 다른, 배다른 형제만으로는 설명이 좀 어려워 보였다. 어두컴컴한 터널에서 막 벗어난 듯 드넓은 초원이 펼쳐졌다. 기차역 표지판도 중국, 몽골, 러시아 순으로 3개국 언어가 병기돼 있었다. 뭔가 서로 다른 옷을 입은 듯한 풍경에 떠오른 사람은 몽골에서 만난 챠키였다.

2004년 새해부터 월간 《인권》에 르포를 쓰고 있었는데, 마침 몽골을 갈 기회가 생겼다. 생각했던 것보다 몽골의 교육 환경은 몹시 열악해 보였다. 학교에서 오전 수업만 하고, 오후 2시부터 다음날 새벽 2시까지 탄광에서 생계형 아르바이트로 탄을 캐는 학생도 있었다. 그중 두 명의 중학생과 인터뷰를 마치고 숙소로 돌아가는 길이었다. 길잡이로 따라나선 몽골 청년 챠키가 한국처럼 몽골도 분단국가나 다름없다며,

긴 여운을 남겼다. 잠깐 숨을 고른 뒤 그 이유를 묻자 챠키는 몽골과
내몽골을 분단의 영토로 보고 있었다. 몽골대학에서 한국어를 전공한
챠키는 조정래의 『태백산맥』 전권을 이미 탐독했을 정도로 분단에 대
한 관심이 꽤 높았다.

챠키의 여운이 더욱 실감 나게 다가온 건 기차가 만저우리역에 닿은
뒤였다. 2차 세계대전 후 중국이 러시아로부터 물려받은 만저우리에는
두 개의 국경이 놓여 있었다. 하나는 어미를 쏙 빼닮은 외몽골로 넘어
가는 국경이고, 다른 하나는 러시아로 넘어가는 국경이었다. 마치 한반
도와 그 민족의 운명을 보는 듯하여 석연한 마음마저 들었다.

쑤이펀허와 다롄은 일명 '하얼빈 거사' 일행들의 지난 행적을 따라가

두 개의 국경

는 여정이었다. 하얼빈에서 동쪽으로 500km 떨어진 쑤이펀허는 안중 근과 우덕순이 이토 히로부미의 소식을 듣고 넘었던 중·러 국경 지역 이고, 다롄(뤼순)은 하얼빈 거사 후 일행들이 수감 생활을 했던 곳이다. 그 길을 직접 달려보니 멀긴 멀었다. 쑤이펀허에서 다롄까지 기차를 탄 시간만 19시간이 넘었다. 특히나 다롄에서 멀지 않은 뤼순감옥은 꼿꼿 하기로 소문난 단재 신채호와 집안의 전 재산을 털어 신흥무관학교를 설립한 우당 이회영이 옥사를 당한 곳이기도 하다.

동청철도가 완공되면서 하얼빈시의 행정 구역도 2개 지구로 분할되 었다. 먼저 3개 지구(난강구, 다오리구, 샹팡구)를 차지한 러시아 쪽에서 그곳 의 지명을 하얼빈으로 정하자, 쇠락의 길로 접어든 청나라 정부도 다 오와이구(당시 다오와이구는 지린성이 관할했다.)에 빈강도(濱江道)를 설치해 변방 경비에 나섰다. 이를 좀 더 세분화하면 쑹화강을 낀 다오리구(道里區)는 러시아 거리의 중심지라고 할 중앙대가(中央大街)가 있는 곳, 난강구(南崗 區)는 각종 박물관과 유적지가 모여 있는 곳, 그리고 다오와이구(道外區) 는 유일하게 중국인들의 백 년 전 생활상을 엿볼 수 있는 곳이다.

하얼빈 친구와 술을 마시는 자리였다. 초반부터 친구는 러시아에서 건너온 종(種)들을 너무 미화하는 경향이 있다며 다짜고짜 목청부터 높 였다.

"러시아 혁명 때 두 진영이 갈라서면서 시베리아에서 내전이 벌어졌 다는 것은 잘 알 것이고, 진짜 내가 하고 싶은 말은 그때 러시아의 꾼들이 하얼빈으로 대거 몰려왔다는 거야. 전쟁을 빌미로 벼락부자가 된 모리배들과 갱들이었지."

『만주 기행문』에는 이런 사연이 전해진다. 하얼빈에 이민 온 한 프랑스 여자의 아들을 납치한 갱들이 자신들이 요구한 액수의 돈을 내놓지 않자 청년의 귀와 다른 신체 부위를 칼로 도려내 일주일 간격으로 보냈다는. 그리고 그 갱들은 하얼빈 도심을 제집처럼 활보하고 다녔다는.

"그렇더라도 너무 싸잡아 때리는 거 아냐?"

"무슨. 더 들어봐. 러시아가 하얼빈을 이마만큼 성장시켜 놓은 건 고마운 일이지만, 그렇다고 하얼빈 사람들이 그들을 마냥 좋아하는 건 아니니까. 따지고 보면 도시의 구성이라는 것이 본래 싸구려 냄새를 풀풀 풍기잖아. 떼잡이꾼들이 몰려와 판을 깔면 다음 순서로, 지식 냄새를 풍기는 깜냥들이 축음기에 레코드판을 걸어놓고 흐늘흐늘 비늘춤을 추어대는……."

"그러니까 말인즉슨, 러시아 다음으로 들어온 프랑스나 미국, 영국 이민자들에 대해서도 섣불리 향수를 뿌려대지 말라?"

"할라할라! 돈줄과 갱들이 뭉쳤는데 무슨 짓인들 못 하겠어."

술만 한 잔 들어갔다 하면 쏴대는 저놈의 할라할라! '하오러 하오러 (好了 好了)'를 빨리 발음하게 되면 그와 같은 현상이 나타난다는 사실을 알았을 때 나는, 친구의 호칭을 두 개로 늘렸다. 친구의 성(姓)을 딴 '방'과 '할라'로. 나머지 하나는 '호요(好了)'라는 한자였다. 소나기를 피하듯 계집 옆으로 사내가 들어서자(好), 둘은 그새 좋아서 호호 어쩔

줄을 모르는, 필시 그것은 다음 작품을 기대하지 않아도 좋을 완결판
(了) 중에 완결판이었다.

이왕 말이 나온 김에 할라에게 상하이(上海)에 대해서도 묻지 않을 수
없었다. 상하이는 할라가 대학 시절 음악 공부를 했던 곳이자, 중국 근
대도시의 탄생에서 하얼빈과 함께 쌍마차로 거론되기 때문이다.

"하얼빈과 상해는 좀 달랐던 것 같아. 서로 다른 민족들이 뒤엉켜 살
면서도 상해는 각자의 모자이크를 만들어냈으니까. 상해가 하얼빈보다
질서 수준이 높았던 건 사실이야. 솔직히 만주는 척박함의 대명사잖아.
불모지나 다름없었고."

문득 생각나는 건 '북방기질'이었다. 여행길에서 만난 육십 대 중반
의 조선족은 유목민에서 비롯된 북방의 기질을 조금 달리 해석했다. 흑
룡강 쪽이 한때 토비들로 득실거렸잖소. 모르긴 해도 지금의 북방 기질
이 거기서 생겨났을(강해졌을) 거요. 눈에 거슬리고 비위에 안 맞으면 냅
다 대가리부터 들이댄단 말이지. 그러니 어느 정부가 좋아하겠소. 흑룡
강 쪽 발전이 더딘 것도 그런 면이 없지 않소. 고분고분 고운 짓을 해
야 나랏님들이 떡 하나라도 더 줄 것 아니오. 안 그러오?

각자 알아서 술을 따라 마시는 중국식 술자리. 간혹 이런 술자리가
편할 때도 있다. 내 술잔을 쥐고 자작하는 가운데 머릿속의 생각들이
하나둘 정리가 된다고 할까? 할라의 말대로 일제가 만주를 중국 침략
을 위한 전쟁의 병참 기지로 만들고자 만주사변을 일으켰을 때, 동북 3
성의 인구는 3천만에 불과했다. 한반도 면적의 세 배가 넘는 땅 치고는

불모지였던 셈이다.

그렇지만 마오쩌둥(毛澤東)은 할라의 생각과 조금 달랐던 모양이다. 1946년 마오쩌둥은 중국의 수도 후보지를 베이징이 아닌, 하얼빈으로 정한 바 있었다. 그만큼 하얼빈은 해상과 육로를 동시에 갖춘, 중국에서는 보기 드문 전략적 요충지였다. 동청철도 건설로 하얼빈에서 베를린까지 철길이 놓여 있었다. 그러나 아쉽게도 하얼빈이 너무 북쪽에 치우쳐 있다는 반대에 부딪혀 수도 입지는 물 건너갔다.

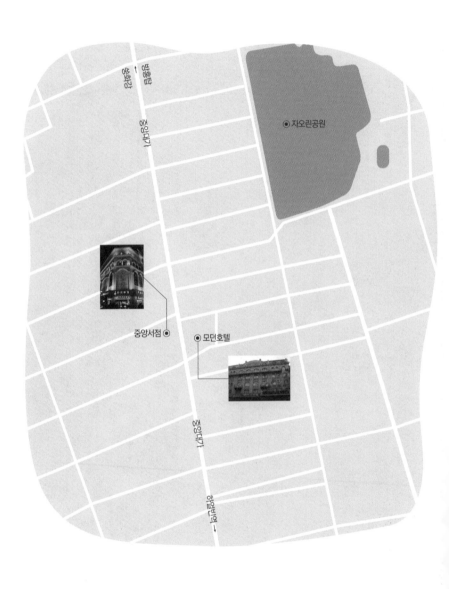

자오린공원

중앙서점

모던호텔

# 키타이스카야
# 거리에서

---

달밤의 송화강반(畔)을 거느리다 춤과 술의 까바레에서 나오니 때는 새벽 네 시.

바람찬 대륙의 새벽은 휠 밝다.

하르빈! 애수의 하르빈!

라일락 꽃다발 장사가 많이 나도는 '키타이스카야'에서 나는 '라스꼬리니꼬프'를 많이 보았다.

─홍종인, 「애수(哀愁)의 하르빈」

일직선으로 시원하게 뚫린, 낡은 카페와 상점들이 지난 세월의 운치를 고스란히 간직한, 인생도 저렇게 늙어간다면 참 좋을 것 같은, 낮에도 아름답지만 밤에는 더 아름다운, 그리고 무엇보다 발바닥에서 뭉툭함이 전해져오는 길.

홍종인이 도스토옙스키의 소설 『죄와 벌』의 주인공인 라스꼴리니꼬

프들을 많이 보았다는 키타이스카야 거리로 들어설 때였다. 하얼빈에서 가장 번화한 중앙대가는 여행객들로 넘쳐났다. 표정도 하나같이 즐겁고 행복해 보였다. 마치 비 갠 아침처럼 해맑은 중앙대가의 풍경을 우두커니 지켜보던 난 나중에라도 이 거리를 걷고 싶어 하는 사람이 있다면 이렇게 말해주고 싶었다. 한 번은 어린아이처럼 환호하면서, 그 다음은 당신의 인생에서 당신만이 알고 있는 절정의 순간을 떠올리며 걸어보라고. 하얼빈 중앙대가야말로 만주에 하나밖에 없는 축복받은 거리요, 모두가 입 모아 부르는 '동방의 파리'가 아닌가!

중앙대가에서 쑹화강으로 이어지는 길의 거리는 1,450m.

두 해 전 나는 이 거리를 미명 속에 거닐었었다. 화강석으로 한 땀 한 땀 수를 놓아 다진, 그들의 손길과 그들의 노고가 발바닥에 고스란히 전해졌다. 16세기 르네상스풍과 17세기의 바로크풍도 안개처럼 밀려왔다. 이제 가까운 소피아성당에서 새벽 미사를 알리는 종소리만 들려온다면 더할 나위 없을 것 같았다. 그사이 나는 유럽의 작은 도시로 몰래 숨어들어와 청빈·정결·순종을 하늘에 서약한 늙은 수도사가 되어 있었던 것이다.

붉은 홍등이 꽃처럼 내걸린 그 길을 나는 되도록 느릿느릿, 달팽이처럼 걸었다. '호텔이 키타이스카야의 중심지에 있자 방이 행길 편인 까닭에 창기슭에 의자를 가져가면 바로 눈 아래에 거리가 내려다보인다.'는 이효석의 소설 「하얼빈」의 첫 문장도 그려보면서. 1896년 개발 당시 '키타이스카야'로 불렸다가 1925년 지금의 중앙대가로 이름이

바뀐 그 시절들을 상기해가면서. 한없는 노래와 무희들의 춤과 국경을
초월한 낭만이 강물처럼 흘렀다는 이 거리도 일본이 만주를 점령했을
때는 그만 암울에 갇혀 숨을 죽였다지 않은가. 이름마저 빈강거리로 다
시 바꿔버렸다지 않은가.

　마디에얼빙과(馬迭尔冰菓)를 입에 문 아이들, 술안주로 손색이 없는 홍
창(紅腸) 소시지를 사려고 차례를 기다리는 사람들, 크기가 농구공 반
만 하다고 해서 따리에바(大列巴)라 부르는 러시아 빵을 손에 든 연인
들…… 중앙대가에서는 함부로 명함을 내밀어선 안 된다. 아무리 하찮
아 보이는 마디에얼빙과라도 100년 이상의 전통을 가졌기 때문이다. 하
얼빈 맥주도 칭다오(靑島)맥주보다 세 살이 더 많은, 1900년도 산이다.

중앙대가에 있는 중앙서점(中央書店)은 바깥에서 보는 것과 다르게, 안으로 들어가면 그만 분위기에 매료되고 만다. 흑백영화의 전설로 남은 험프리 보가트나 몽고메리 클리프트를 하얼빈에서 다시 만난 기분이랄까. 서점 1층이 책과 사람 사이의 공간을 염두에 두었다면 2층은 어느 후작이 자신의 저택에서 독서를 즐기는 고풍스러운 서재를 연상케 한다. 중앙대가를 걷다 커피가 생각날 때면 나도 커피숍 대신 중앙서점을 이용하는데, 디귿 자 모양의 초록색 의자는 은근히 사람의 마음을 동하게 한다.

　오늘은 샬롯 브론테의 『筍・愛』와 조지 오웰의 『濱本』을 한 권씩 샀다. 샬롯 브론테의 『제인 에어』는 나만의 웃지 못할 사연이 하나 있다. 중・고등학교 과정을 검정고시로 마친 나는 교복을 한번 꼭 입어보고 싶었다. 그렇게 찾아간 학교(봉천고등공민학교)에서 첫눈에 반해버린 한 여학생. 낮에는 남의 집 식모로 일하고 밤에는 공부를 하는 그 여학생이 『제인 에어』를 권한 날이었다. 그만 나는 해서는 안 될 말을 지껄이고 말았다. "이 책, 비행기 이야기야? 그런데 왜 표지에 꽃그림만 잔뜩 있어?" 다행히 그녀가 깔깔깔 웃어주어 위기는 면했지만 지금도 그때를 생각하면 얼굴이 화끈 달아오른다. 미안해, 인실아!

　조지 오웰은 좋아하는 작가이기도 하지만, 내가 르포문학을 시작할 때 내 손을 잡아준 작가이기도 하다. 그는 나에게 이 말을 선물로 주었다.

　"애정 어린 입맞춤의 기억은 죽은 꽃의 향기처럼 가슴 속에 언제나 머물러 있다오."

중앙대가를 거닐다가 기다랗게 줄을 선 사람들과 마주쳤다면 아마도 그곳은 화메이시찬팅(華梅西餐廳)일 게 분명하다. 러시아식 다차이(大菜)와 중국식 관먼뉴러우(罐燜牛肉) 요리를 동시에 맛볼 수 있는 화메이시찬팅은 하루도 사람들의 발길이 끊이지 않기 때문이다. 모던호텔(모테른, 馬迭爾)은 그 맞은편에 있다.

경성제국대학에서 영문학을 전공한 이효석이 「하얼빈」에서 꽤나 모던보이의 향수를 풍겼다면, 동경외국어대학에서 노어를 전공한 함대훈의 경우는 하얼빈을 보다 구체적이고 사실적으로 묘사했다는 점에서 눈길이 먼저 갔다.


조반을 나누고 러시아에서 나서 그곳에서 교육받은 부인을 소개받고 다시 거리에 나섰을 땐 북만(北滿)의 독특한 먼지 바람이 거세게 몸을 휘갈겼다. 거리를 나서서 노인(露人) 거리로 제일 번화하다는 키타이스카야가(街) 모데른호텔 바(bar)로 들어섰을 땐 폭풍우가 창을 마구 두들긴다.
　　　－함대훈, 「남북만주편답기(南北滿洲遍踏記)」


파아러어에는 식사하는 손님들이 거의 꼭 차 있고 홀 안 부대에서는 벌써 오후 여섯 시가 되었는지 밴드의 음악이 흘러나온다. 나는 그 음악을 하얼빈의 큰 사치의 하나라고 아까워한다. 식사하는 사람들이 그 음악을 대단히 여기는 것 같지도 않고 첫째 그것을 이해하고 즐기는 사람이 몇 사람이나 될까. 차이코프스키의 실내악은 개발에 편자같이 어리

석은 군중의 귀를 무의미하게 스치면서 아깝게도 흐른다. 하얼빈은 이
런 사치를 도처에서 물같이 흘리고 있다.

　－이효석, 「하얼빈」


　1906년에 건축한 모던호텔은 커피숍에 레스토랑까지 갖춰 더욱 고
풍스러운 분위기를 연출했다. 이효석이 이 호텔을 배경으로 쓴 「하얼
빈」이 차이콥스키의 실내악을 타고 키타이스카야 거리로 번져가는 착
각마저 일었다. 공교롭게도 이효석은 1939년과 1940년 두 번 모두 하
얼빈을 가을에 다녀갔었는데, 그 점이 좀 아쉽다면 아쉬웠다. 아내에
이어 어린 아들까지 잃은 이효석에게 하얼빈은 자신의 마지막 여행이

되고 말았다. 하얼빈 여행을 마치고 돌아온 이효석은 뇌막염 증세가 악화되어 조용히 눈을 감았다.

서른여섯에 세상을 떠난 이효석은 이제 없지만, 그가 사랑했다는 키타이스카야 거리와 모던호텔은 변한 게 별로 없어 보였다. 러시아산 모피도, 프랑스산 향수도, 스위스산 시계도 100년 전 모습 그대로였다. 카바레 '판타지아'에서 춤추던 러시아 무희, 유라만 보이지 않았다.

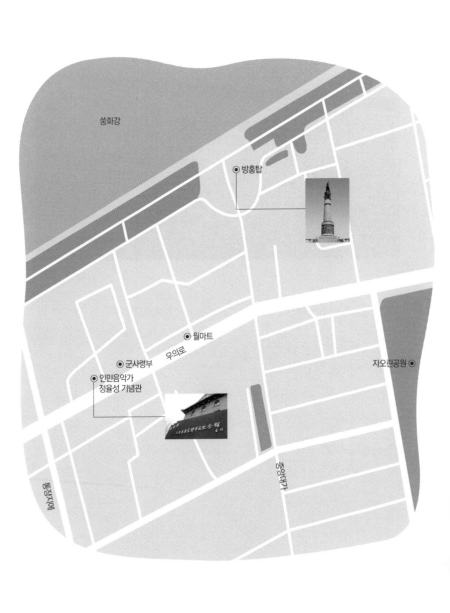

쑹화강

방홍탑

월마트

우의로

군사령부

자오린공원

인민음악가
정율성 기념관

통정자에

중앙대가

# 샹첸! 샹첸! 샹첸!

커피를 한 잔 마신 뒤 모던호텔에서 거리로 다시 나오자 노래가 흘렀다. 내가 잘 아는, 귀에 익은 노래였다.

Are you going to Scarborough Fair?

스카보로 시장에 가시나요?

Parsley, sage, rosemary, and thyme

파슬리, 세이지, 로즈메리와 백리향

Remember me to one who lives there

거기 사는 한 여인에게 안부를 전해줘요

She once was a true love of mine

한때 그녀는 나의 진정한 사랑이었다고

사람을 알아가듯 〈스카보로 페어(Scarborough Fair)〉를 알아갈 때, 나는 조금 유치한 생각을 하곤 했다. 사랑하는 여자를 기다리는 사람에게는 사이먼&가펑클의 목소리로, 사랑하는 남자를 기다리는 사람에게는 사라 브라이트만의 목소리로 들려준다면 더 좋을 것 같다는. 물론 나는 사라 브라이트만이 부르는 〈스카보로 페어〉를 더 좋아한다. 그녀의 목소리를 듣고 있으면 풀잎처럼 스르르 눈이 감긴다.

영국의 전통적 발라드곡인 〈스카보로 페어〉를 허밍으로 따라 부르며 걷던 난 잠시 걸음을 멈추었다. 중앙대가에서 우의로(友誼路)를 따라 서쪽으로 걷다 보면 월마트가 나오고, 그곳에서 조금만 더 가면 하얼빈 군사령부가 있는데, 그곳을 찾아가는 길이다.

우의로에서 통쟝지에(通江街)로 빠지는 군사령부 후문 쪽에, 짙은 청색 기와를 얹은 2층 건물이 제법 묵직하게 다가온다. 정율성 음악기념관은 입구를 장식한 테두리 악보부터가 인상적이었다.

'向前(샹첸)! 向前(샹첸)! 向前(샹첸)!'

우리의 대오는 태양을 향하고
두려움 없이 굴복은 없다
바람이 외치고 신호나팔 소리가 들려온다
들어라! 혁명의 노랫소리 얼마나 우렁찬가!
동지들 발맞춰 해방의 전쟁터로 달려가자
동지들 발맞춰 조국의 변강으로 달려가자
전진! 전진! 전진!

　정율성(1914~1976)을 처음 본 곳은 압록강이 흐르는, 단둥(丹東)의 항미원조기념관(抗美援朝紀念館)이었다. 그렇지만 난 그의 이름을 스쳐 지나고 말았다. 항미원조기념관에는 마르크스, 스탈린, 마오쩌둥, 김일성 등 내로라하는 세기의 인물들이 한두 명이 아니었다.

　그 후 정율성을 다시 만난 건 2011년 옌지에서였다. 〈고향산 기슭에서〉라는 곡으로 중국에서 1급 작곡가 반열에 오른 동희철 씨의 이야기에, 약간은 미안한 마음마저 들었다. 단둥에서 그만 너무 가볍게 지나치고 말았던 것이다.

　"박 시인 고향이 전라도라니, 광주 출신의 정율성이라는 이름도 한 번쯤 들어는 봤겠구먼. 중국의 국가(國歌)를 작곡한 녜얼(聶耳)과 〈황하 대합창〉을 작곡한 셴싱하이(洗星海)의 뒤를 이어, 〈중국인민해방군군가〉를 작곡한 정율성 선생은 중국의 3대 음악가로 존경받을 정도로 나한테는 고지(高地) 같은 분이셨지. 나도 사람인지라 곡을 쓰는 것조차 싫을 때가 종종 있는데, 그때마다 나를 붙들어주고 일으켜준 분이 바로 정율성 선생이었지 뭔가. 예술을 하려거든 먼저 어느 것 하나도 탓하지 마라, 예술은 전선에도 있고 그리운 고향에도 있고, 가냘픈 한 송이 꽃에도 있다. 글쎄 이걸 내 심장에다 화살처럼 박아주셨지, 뭔가."

부친의 갑작스러운 사망으로 학업을 중단한 정율성은 1933년 형들을 따라 망명길에 오른다. 한 집안의 내력처럼 아버지와 형제들이 사회주의를 지향하고 있어 정율성에게 난징(南京)은 결코 낯선 도시만은 아니었다. 오히려 떠나온 고향보다 더 혁명이 일상화되어 있었다. 혁명이 먼저냐, 음악이 먼저냐 하는 건 하나의 사치일 뿐이었다. 혁명에 음악을 입히면 혁명이 살아났고, 이번에는 반대로 음악에 혁명을 입히자 음악이 살아났다.

학원을 오가며 음악에 전념하던 정율성이 주소를 난징에서 옌안(延安)으로 옮기고 나서, 그의 음악은 전성기를 맞는다. 중국공산당 본부가 있는 옌안은 창작에도 적잖은 영향을 미쳤다. 정율성의 대표곡이라 할 수 있는 〈연안송가(延安頌歌)〉와 〈팔로군행진곡(중국인민해방군군가)〉 등이 모두 그곳에서 쏟아져 나왔다.

하얼빈 군사령부에 자리한 정율성 기념관은 속이 꽉 찬 느낌을 주었

다. 1층은 그의 사진과 친필 악보, 레코드판, 피아노 등 음악과 관련한 유품들이, 2층은 옷가지, 책, 낚시도구 등 한 음악가의 자잘한 소품들이 친근하게 다가왔다. 그중에서도 특별히 눈에 띄는 유품은 정율성의 영원한 동반자였던 딩쉐쑹(丁雪松)의 사진이었다. 두 혁명가의 러브스토리는 〈태양을 향하여(走向太陽, 2002)〉라는 영화를 통해 이미 대중에게 알려졌는데, 약속한 시간보다 20분 늦게 나타난 할라의 가십도 그럭저럭 들을 만했다.

"멋있는 한 쌍이야. 두 정 모두 잘생긴 데다, 궁합까지 찰떡이니 원! 남자 정(鄭)을 한번 봐. 이십 대 초반에 벌써 내로라하는 곡들을 좌르르 다 쏟아냈으니 요즘 말로 하면 연안의 스타 아니었겠어? 거기에다 연

안의 팔방미인으로 소문이 자자했던 여자 정(T)은 또 어떻고. 사진만 봐도 답이 훤히 나오잖아."

할라의 말에 사진을 찬찬히 뜯어보니 딩쉐쑹은 보면 볼수록 호감이 가는 형이다. 얼굴 전반에서 모성애가 느껴졌다.

"그럼 선제공격은?"

"말랑말랑한 소설 두 권(『안나 카레니나』 『춘희』)에 들꽃까지 꺾어서 바쳤다면 게임은 벌써 끝난 거 아냐? 화약 연기 풀풀 나는 전쟁터에서 어느 여잔들 안 넘어갈 거야."

"영화감독 말은 좀 다르던걸⋯⋯?"

"(항일)군정대학 시절 여자 정이 학생들을 모아놓은 자리에서 공개적으로, 오늘부터 저 남자는 내 거니까 누구도 손대지 말라고 했다는?"

"응."

"빼어난 미모에, 공산당 지도부로부터 총애까지 받았던 인물이 뭔들 못했겠어. 여자 정은 나중에 중국의 첫 여성 대사까지 지냈거든. 말 그대로 예견된 인물이었지 뭐."

물론 그렇다고 해서 두 사람 사이에 화창한 봄날만 있었던 건 아니다. 정율성이 조선인이라는 신분 때문에 위기의 순간도 뒤따랐다.


조선의 음악가 정율성과 비운의 독립투사 김산(님 웨일즈가 쓴 『아리랑』의 주인공).

두 사람은 1936년 4월 난징에서 처음 만났다. 김산의 눈에 비친 정율성은 한마디로 감수성이 넘치는 열정의 청년이었다. 그가 불러주는 서양의 가곡들을 듣고 있노라면 김산은 벽에 등을 기댔을 때처럼 마음이 곧 평안해지곤 했다.

두 사람의 두 번째 만남은 팔로군의 성지 옌안에서였다. 그사이 두 사람은 관계가 더욱 돈독해져 있었다. 시간만 나면 정율성은 자신보다 열 살 위인 김산을 찾아가 조언을 구했다.

그날도 정율성은 며칠 뒤에 발표할 〈연안송가〉를 김산에게 제일 먼저 들려주었다.


석양은 산마루 보탑에 비끼고/ 달빛은 강가의 반딧불 비추네/ 봄바람

광야에 불어오고/ 뭇 산들 튼튼한 성새 이뤘네/ 아, 옌안! 너 이 장엄하고
웅위한 고성(固城)/ 뜨거운 피가 너의 가슴 속에서 끓어오르네

노래를 다 마쳤는데도 김산은 눈만 지그시 감은 채 별 반응이 없었
다. 노래에 대한 평을 내놓은 건 그리고도 한참을 더 지나서였다. 지금
까지 들어본 노래 중에서 〈연안송가〉는 장중함과 심오함을 두루 갖췄
다며 칭찬을 아끼지 않았다. 아니나 다를까 며칠 후, 김산의 감상평은
십 자(十)처럼 적중했다. 정율성이 무대에서 〈연안송가〉를 선보이자 마
오쩌둥을 비롯한 팔로군 수뇌부로부터 기립박수가 터졌다.

김산이 항일군정대학에서 학생들을 가르칠 때였다. 반당 분자와 일
본의 스파이를 색출한다는 소식에 옌안은 초긴장 상태로 변했다. 먼저
숨을 죽인 건 팔로군 소속의 조선 혁명가들이었다. 같은 배에 탔다가도
그렇듯 팔로군 진영에서 회오리바람을 일으키면, 조선 국적의 혁명가
들은 입지가 더욱 좁아질 수밖에 없었다. 그런 어느 날이었다. 김산이
일제 스파이로 몰려 조사를 받고 있다는 소식에 정율성은 숨조차 함부
로 내쉬지 못했다. 자신보다 김산이 더 걱정되었다. 언젠가 김산이 말
한 "나는 불행하지만 너는 빛나야 한다"고 했던 당부마저 불길한 징조
로 다가왔다.

무슨 일이 곧 터질 것만 같았던 옌안에 무정(金武亭)이 나타났다. 조선
의용군 총사령관 무정은 조선인으로는 유일하게 '홍군대장정'(紅軍大長
征, 1934~1936년까지 중국공산당이 국민당의 포위망을 뚫고 25,000리의 길을 걸어서 탈출한

사건)에 참여했던 인물로, 무정도 정율성을 전혀 모르진 않았다. 약산 김원봉이 설립한 조선혁명정치군사간부학교 출신이라면 더더욱 그의 사상을 의심할 필요가 없었다.

"이래서 로망은 짜고 치는 고스톱처럼 영원한 드라마가 아니겠어? 곧 꺼질 것만 같았던 불꽃이 '삼팔광땡'으로 다시 살아났잖아!"

"그건 그렇고 방(方), 정율성이 딩쉐쑹에게 선물로 주었다는 『안나 카레니나』 말인데, 혹시 그거 김산의 이야기를 듣고 그랬던 건 아닐까? 김산이 톨스토이를 얼마만큼 좋아했느냐면, 톨스토이가 쓴 『인생독본』을 아예 주머니에 넣고 다녔거든."

넘겨짚어서 한 소리는 아니었다. 김산에게 옌안은 하루하루가 불안한 곳이었다. 그는 난징에서부터 이미 따돌림을 받고 있었다. 민족주주의 진영으로부터는 공산주의자라는 이름으로. 사회주의 진영으로부터는 두 번이나 체포를 당하고도 아무 일 없이 돌아왔다는 이유로.

일본의 스파이로 몰려 조사를 받은 김산이 옌안을 떠나는 날이었다

(팔로군 본부로부터 전출명령이 떨어진 김산은 옌안에서 200km 떨어진 수덕(綏德)으로 가는 도중 사망했다). 학교 강의마저 빼먹은 채 정율성은 김산에게 달려갔다. 그의 마지막 길을 배웅하기 위해서였다. 그처럼 두 사람은 비록 짧은 만남의 시간이었지만 남녀의 사랑보다 더 강한 인상을 남겼다.

또 하나 궁금한 점은 정율성 부부의 북한행이다. 무슨 이유로 두 사람은 중국도 남한도 아닌, 북한을 선택하게 된 것일까?

1945년 해방을 즈음해 옌안은 또 한 번 소용돌이에 휩싸였다. 조선의용군은 물론이고, 조선 국적을 가진 사람은 단 한 명도 빠짐없이 조선(북한)으로 돌아가야 한다는 팔로군의 명령에 정율성 부부도 더 이상 지체할 시간이 없었다. 도보로 옌안을 떠나 석 달 만에 도착한 곳은 평양이었다.

쓰촨성(四川省)에서 태어난 딩쉐쑹에게 평양은 이방인의 도시 그 이상도 이하도 아니었다. 남편의 국적만 문제 삼지 않는다면 오늘 당장이라도 중국으로 돌아가고 싶었다. 중국공산당 고위층들과도 친분이 두터운 그녀를 북한의 식량특사로 파견하고 싶다는 김일성의 제의를 흔쾌히 받아들인 것도 실은 그런 이유에서였다. 포박을 풀 돌파구가 필요했다. 해서 딩쉐쑹은 북한과 인접한 북만주 일대를 돌며 북한의 식량난을 적극적으로 도왔다. 남방에서만 줄곧 살아온 그녀가 하얼빈을 처음 가본 것도 그때의 일이었다. 다른 지역에 비해 하얼빈은 도시의 성장 속도가 두세 배 빨라 보였다.

반면 정율성은 황해도 선전부 조선보안대 클럽(당시 직급은 문화부장)으로 자리를 옮긴 뒤, 〈조선인민군행진곡〉〈조선해방행진곡〉〈두만강〉 등 왕성한 창작활동을 폈다. 그 결과 정율성은 중국에 이어 북한군 군가까지 작곡하는, 세계음악사상 유례없는 업적을 남기기도 했다.

　그러나 문제는 급변하는 북한의 태도였다. 해방 후 드러난 북한의 정치적 상황을 보면 옌안의 팔로군과 별반 다를 게 없었다. 달면 삼키고 쓰면 뱉는 식이었다. 실제로 옌안파를 숙청하려는 김일성의 빨치산파들이 그 본색을 드러냈다. 딩쉐쑹은 그들보다 한 발 먼저 움직였다. 이미 오래전부터 그녀는 남편 정율성이 북한의 주류사회와 융합되기 어렵다는 걸 잘 알고 있었다.치밀하고 고도한 권력구조 앞에 순수한 열정이 설 자리는 없었다. 우선 급한 대로 딩쉐쑹은 평양 주재 중국대사관을 통해 저우언라이(周恩來)에게 도움을 청했다. 다행히 김일성도 저우언라이의 친필 서신이 중국대사관을 통해 전해지자 정율성 부부의 중국행을 막지는 않았다.

　2014년 7월 중국의 국가주석 시진핑(習近平)이 한국을 방문했다. 그는 모 대학교 특강 중에 한중 양국의 협력 관계를 이야기하는 과정에서 정율성을 그 예로 들었다. 한국에서 태어난 정율성이야말로 한중 관계의 대표적인 사례라면서. 미안한 말이지만 시진핑도 하나만 알고 둘은 모르는 듯했다. 중국의 3대 음악가로 추앙을 받았던 인물도 문화대혁명 앞에서만큼은 나약할 수밖에 없었다는 것을. 정율성은 문화대혁명이 끝나던 1976년 12월, 이 말을 끝으로 혁명공묘에 잠들어 있다.

"음악은 단순한 오락을 위한 것이라기보다 중요하게는 혁명의 무기이고 전투의 무기이다."

쑹화강변에 자리한 음악기념관에서 나오자, 해가 좀 남아 있었다. 할라와 헤어진 난 해 지기만을 기다리는 소년처럼 음악공원을 향해 걸었다. 정율성 음악기념관에서 음악공원(수상공원)까지의 거리는 약 3km로, 먼 길은 아니었다.

1,000대의 피아노와 1,000명의 연주자. 과연 같은 곡으로 공연할 수 있을까? 할라가 곁에 없으니 따져 물을 사람도 없었다.

하얼빈에 첫 교향악단이 들어선 건 1906년이다. 백계 러시아인들이 창설하면서 하얼빈을 '음악의 도시'라고 불렀는데, 불현듯 드는 생각은 혁명과 음악의 관계였다. 이 둘은 하모니를 이뤄낼 수 있을까? 유럽을 비롯해 남미, 동아시아에 이르기까지 혁명이 존재했던 곳에 음악이 있었음을 상기한다면 쑹화강 여름축제 기간에 열리는 1,000대의 피아노와 1,000명의 연주자 공연도 못 할 건 없어 보였다. 중국이라는 나라가 어떤 나라인가. 인해전술, 만리장성, 삼국지, 대장정처럼 상상을 초월한 숫자 싸움에 능한 나라가 바로 중국이 아니었던가. 샹첸!

소피아성당 ◉

지오린영원

지오린가

← 중앙대가

얼리반가 →

# 하얼빈의 꽃
# 소피아성당

"그러나 그 시대의 가톨릭교회는 생각이 달랐다. 신교(新敎)가 교회의 외면적 치장에 반대하는 설교의 목소리를 높일수록 가톨릭교회에서는 더욱 열심히 미술가의 힘을 빌리려고 했다."

『서양 미술사』에서 E. H. 곰브리치가 바로크 양식의 '산타 아네제 교회당(1663)'을 설명하는 과정에서 덧붙인 말이다. 이어서 그는 가톨릭 교회가 바로크 미술에 미친 간접적인 영향에 대해서도 말을 아끼지 않았다.

"가톨릭 세계는 중세 초 미술에 맡겨졌던 단순한 역할, 즉 문자를 해독할 수 없는 사람들에게 교리를 가르치는 역할 이상으로 미술이 종교에 공헌할 수 있다는 점을 발견했다."

중앙대가에서 동쪽으로 한 발 비켜선 게 오히려 축복처럼 느껴졌다. 꼭 들어서야 할 제단에 들어선 것처럼. 그리고 또 하나 소피아성당은 곰브리치가 말한 것처럼 하나의 풍경, 하나의 예술작품으로 다가왔다. 초록색 모양의 돔에서 피사의 탑까지, 누군가 천상에서 아주 고요한 시간에 맞춰 한 그루 트리나무를 심어놓은 듯했다. 성당을 찾은 사람들도 건물을 중심으로 원을 그리며 저마다의 감상에 젖어갔다.

1907년, 고향을 떠나 지내는 러시아 사병들의 미사 장소로 건축한 소피아성당은 눈이 내릴 때 가장 아름답다. 하얼빈에 눈이 내리면 소피아성당은 〈로마의 휴일〉에서 열연한 오드리 헵번처럼 우아하고 은은한 자태를 뽐낸다. 어느 날엔가는 이런 풍경을 보여주기도 했다. 동틀 무렵 성당에서 빈 소년합창단의 노랫소리가 들려오는가 싶더니, 해 질 녘에는 칼에 베인 갑옷에서 피가 흐르는. 붉은 벽돌이 검붉은 색으로 짙게 물들어가자 성당은 서둘러 성화(聖火)를 밝혔다. 1923년에 재건축한 소피아성당은 말 그대로 동방의 모스크바였다.

그런가 하면 소피아성당은 시간대별로 각기 다른 모습을 보여준다. 이른 아침에 찾아가면 어제 보았던 성당보다 더 작아 보이고, 늦은 밤에 찾아가면 오렌지색 조명과 함께 한 송이 꽃으로 피어나 있다. 하지만 뭐니 뭐니 해도 소피아성당은 석양 무렵이 압권이다. 빛의 속도에 따라 살아 움직이는 한 마리 카멜레온을 지켜보는 것 같아 이내 숨이 멎곤 한다.

입장권을 끊어 안으로 들어서자 우리말이 먼저 귀에 들려온다. 여름에는 백두산 겨울에는 하얼빈이라는 말도 있듯이, 하얼빈은 겨울이 제철이다. 겨울에 하얼빈을 찾는 관광객 수만 100만여 명. 하얼빈은 기

온이 영하로 뚝 떨어져야 생동감이 넘친다. 그런데 인천에서 왔다는 대여섯 명의 청년들이 에이, 잘못 들어온 것 같다며 투덜댄다. 왜 아닐까. 소피아성당이 내부 공사를 통해 역사기념관으로 바뀐 탓도 있겠지만 아무래도 그 답은 외부에서 찾아야 할 것 같다. 소피아성당은 애써 들여다보려 하지 말고 눈에 보이는 대로만 보면 더 아름답다.

점심시간이 가까워오자 소피아성당 주변은 차량과 사람들로 뒤엉켜 신호등마저 무용지물로 변했다. 멋모를 때 나도 파란불만 기다렸다가 낭패를 보곤 했다. 신호등에 분명 파란불이 들어왔는데도 차들이 꼬리를 문 채 안하무인이었다. 사람들이라고 해서 크게 다르지 않았다. 빨간불인데도 차에게 양보하는 법이 없다. 신호등 따위는 아예 무시한 채 갈 길 바쁜 쪽이 먼저다. 네가 먼저 그랬으니 나도 이제부터 어쩔 수 없다는 식이다. 눈치껏 사고 내지 않고 다치지 않으면 매부 좋고 누이 좋은, 이것이 바로 만주의 횡단보도 건너기다. 적당히 사람들 틈에 끼어 전진을 계속하다 보면 빨간불일 때도 못 건널 강은 없다.

오늘도 그렇듯 용감한 사람들 틈에 끼어 으쌰으쌰 무사히 강을 건너온 뒤였다. 상지대가(尚志大街) 도로변에 웬 사람들이 잔뜩 모여 있었다. 붉은색 옷차림에 하얀 털모자를 쓴 아주머니들이 야오구(腰鼓, 북춤)를 치고 있었다.

중국 춘추시대에 첫선을 보인 야오구가 민간 전통문화로 자리 잡기까지는 추위가 한몫 거들었다. 유달리 겨울이 긴 북방 지역 농민들에게

야오구는 추위를 이겨낼 더없이 좋은 운동기구 중 하나였다. 자세히 살펴보면 허리를 동여맨 끈에 북이 연결되어 있는데, 이는 한자에서 잘 드러난다. 허리 요(腰)에 북 고(鼓) 자를 쓰고 있는 것이다. 그렇지만 본래의 뜻은 신을 불러들여 마귀를 쫓는다는, 오랜 민간 풍습에서 유래되었다고 한다.

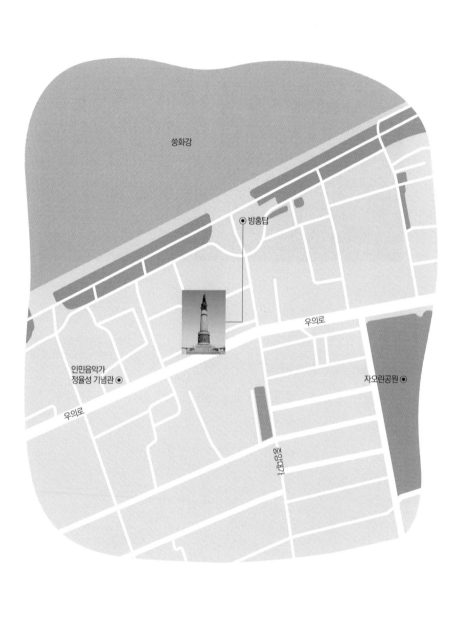

쑹화강

방홍탑

우의로

인민음악가
정율성 기념관 ◉

자오린공원 ◉

우의로

허음대가

# 강 위를 걸어
# 섬을 가다

두만강과 압록강에 대한 애착은 조선족들이 훨씬 더 강해 보인다. 나는 그 이유를 자신들이 직접 두 강을 건너본 탓이라 여겼다. 백두산 천지에서 발원하는 두만강, 압록강, 쑹화강을 일컬어 조선족들은 '삼 형제 강'이라고 부른다.

그러나 삼 형제 강 중에서 쑹화강은 물길이 좀 다르다. 521km를 달려온 두만강이 동해와 만나고, 우리나라 최대의 강이라고 일컫는 압록강(790km)이 서해와 만날 때, 쑹화강만 저 홀로 먼 길(1,927km)을 달려 러시아의 아무르강과 만나는 것이다.

중국 쪽에서 바라본 두만강과 압록강은 막다른 절벽 앞에 서 있는 기분이다. 더는 가고 싶어도 갈 수 없고, 더는 넘고 싶어도 넘을 수 없는 분단의 장벽은 내가 알고 있던 상상 이상의 것이다. 바라보는 것만으로도 까닭 모를 두려움이 밀려온다. 그런데 왜 똑같은 어미의 젖줄인 쑹화강 앞에서는 그토록 무서운 병이 씻은 듯이 사라진 걸까? 막혔던 숨

통이 거짓말처럼 확 트인다.

1957년 대홍수로 쑹화강이 범람했을 때, 서로 하나가 되어 수해를 막아낸 하얼빈 시민들을 기념하려고 건립한 방홍탑(防洪塔) 너머로 쑹화 강은 겨울축제가 한창이다. 추위마저 잊은 채 빙판 위에서 팽이를 치거나 각종 썰매 기구를 타는 사람들로 만원이다. 강 한가운데서 꽃마차를 타는 사람도 여럿 보였다. 쑹화강에서만 구경할 수 있는 겨울철 진풍경이 아닐 수 없었다.

일정한 구간을 정해 유락시설을 갖춘 지점을 막 벗어날 때였다. 기다렸다는 듯이 강바람이 얼굴을 세차게 핥고 지나갔다. 꽃마차에 대한 환상이 깨진 건 마부와의 거리가 어느 정도 좁혀진 뒤였다. 마차에서 내려 말과 함께 걷고 있는 마부의 표정이 상당히 고통스러워 보였다. 언 강바람을 피하려고 마부는 자신의 얼굴을 말 엉덩이 부분에 묻은 채 이럇, 힘겹게 말을 몰고 있다.

다시 혼자가 되어 언 강 위를 걷던 나는 그녀의 소식이 궁금했다. 그녀는 무사히 국경을 넘었을까?

만주의 조선족들이 운영하는 민박집은 여러 군상을 하나의 공간에서 접할 수 있는 최적의 장소였다. 특히 민박집은 호텔과 달리 정해진 시간에 한 식탁에서 밥을 먹는다는 점이 이채로웠다. 사업차 온 사람, 여행을 떠나온 사람, 진귀한 약제나 국제결혼 전문업체를 통해 중국 여자를 구하러 온 사람……. 아파트를 개조해 만든 조선족 민박집은 그렇

듯 각자의 사연들로 넘쳐났다.

　김성숙, 그녀의 이름을 기억하는 건 다름 아닌 '강 타기'때문이었다. 육십 대 초반의 민박집 주인은 말끝마다 저 아주마이가 촌에서 농사만 짓다 와서리 반찬 솜씨도 시원찮고 손님들을 대하는 것도 반점(50점)밖에 되지 못한다며 양해를 구했지만, 정작 내 눈은 그녀의 억양과 몸짓에 가 있었다. 높낮이가 고르지 못한 억양에 비해 그녀의 몸짓은 갓 입학한 초등학생을 보는 것 같았다.

　먼저 다가온 쪽은 그녀였다. 작가라는 말에 신경이 쓰였던지 그녀는 민박집 베란다로 나를 불러냈다.

　"부탁이 하나 있습네다. 지금부터 제가 하는 말을 다른 어느 누구한

테도 일러바치지 않겠다는 약조부터 단단히 해주셔야겠습네다. 안 그랬다간 작가 선상님한테 제 속사정을 거짓으로 말할까 두려워 그렇습네다. 짧은 인연도 인연이 아니겠습네까?"

대체 무슨 말을 하려는 것일까, 김성숙 씨의 표정이 갈수록 단호해 보였다.

"알겠습니다. 약속은 반드시 지켜드리겠습니다."

"할빈에 머문 지는 8개월쯤 됐으며, 강 타기를 해서 여까지 왔습네다."

가만, 강 타기라면 월강(越江)? 순간 내 귀가 번쩍 열렸다. 말처럼 쉬운 일만은 아니었기 때문이다. 그러나 김성숙 씨는, 자신의 강 타기는 이제 겨우 시작일 뿐이라며 다음 여정도 마저 들려주었다.

"인차로 정말 중요한 것은 중국 공안에 절대로 붙들리지 말아야 하고, 그다음 목표는 육신이 부서지도록 최선을 다해 경비를 마련하는 겁네다. 인차 앞으로도 변경을 두 개쯤 더 넘어야만 제가 목표한 땅에서 자유롭게 살아갈 수 있단 말입네다."

몽골이나 태국으로 넘어가는 국경을 염두에 두고 있다는 김성숙 씨의 말에 문득 떠오른 곳은, 하얼빈에서 북쪽으로 611km 떨어진 헤이허(黑河)라는 곳이었다.

쑹화강을 흘러온 물이 마지막으로 소멸하는, 2012년 겨울 아무르강(헤이룽강)을 찾은 나는 실소를 금치 못했다. 블라고베셴스크(러시아 아무르주)가 건너다보이는 언 강 위에 무릎 높이로 친 쇠줄 앞에서 국경을 지키는 중국군의 모습이 너무도 우스꽝스러워 보였다. 아이들이 언 강 위에서 소꿉놀이를 하는 것 같았다. 긴장은커녕, 그동안 지켜본 국경 중에서 가장 싱거운 국경이 아닐 수 없었다.

갑자기 떨어진 기온(영하 24도) 탓인지 오늘은 걸어서 쑹화강을 건너는 사람이 별로 많지 않았다. 서너 명의 사람들마저 갈림길에 선 듯 강 한가운데서 잔뜩 웅크린 채였다. 여기서 걸음을 멈춘다면 강 타기는 영영 실패로 돌아갈 것 같은, 피할 수 없는 추위 속에는 지독한 자유의 갈망이 숨어 있었다. 그리고 그 장면들을 영화 〈두만강〉에서도 보았고, 〈닥터 지바고〉에서도 보았다. 라라가 떠나는 마지막 장면이었던가. 황량한 벌판 위를 마차를 타고 달리는 그녀의 모습을 보겠다는 일념으로 미친 듯이 계단을 뛰어 올라가, 꽁꽁 언 창문을 깨부순 뒤 그녀의 마지막 길을 지켜보던 시인 지바고…… . 민박집에서 만난 그녀도 지바고처럼 말했다, 절대 포기하지 않을 거라고! 진짜 목표는 따로 있다고!
출발점으로부터 점점 더 멀어지고 있었다. 언 강 위에 서서 잠깐 그 길을 돌아보았다. 나에게도 지난여름 유람선을 타고 저 강을 건넜던 기억 하나쯤은 남아 있었다.

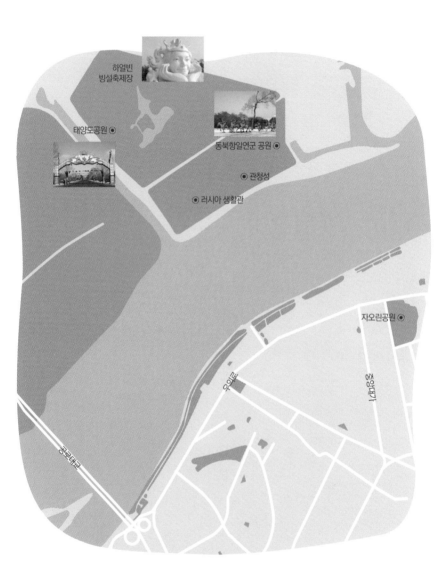

하얼빈
빙설축제장

태양도공원 ◉

동북항일연군 공원 ◉

◉ 관청성

◉ 러시아 생활관

자오린공원 ◉

유익로

공로대교

중앙대가

# 그 이름만으로도
# 충분한

태양도(太陽島)는 2007년에 처음 가봤다. 그때 나는 한 권의 책을 찾고 있었다. 조선족 작가 김송죽이 쓴 『설한(雪寒)』은 김좌진의 일대기를 다룬 전기로, 내가 찾고자 한 인물은 그 전기 속에 나오는 '산조'라는 여성이었다. 조선족들 사이에서 김좌진의 (숨겨진) 딸이 만주에서 살았다는 소리가 심심찮게 들려왔는데, 『설한』에 장군의 딸이 남긴 마지막 인터뷰 글이 실려 있다고 했다.

몇몇 서점을 뒤졌지만 별 소득은 없었다. 발간된 지 벌써 15년이 지난 책이어서 행방마저 묘연했다. 이를 가까이서 지켜본 옌볜의 한 지인이 얼마 전 무단장시(牧丹江市)에 있던 흑룡강조선민족출판사가 하얼빈으로 이전했다면서 그곳을 한번 찾아가 보라고 했다.

택시가 멈춘 곳은 태양도공원 인근이었다. 말이 좋아 개발구역이지 2007년 당시만 하더라도 태양도는 공원을 제외한 주변이 허허벌판이었다. 날은 춥지, 택시 기사마저 돌아가 버려 남은 길을 물어볼 사람조차 없지……. 그나마 버티고 있던 두 다리에 힘이 쭉 빠진 건 삼십여 분을 헤맨 끝에 찾아간 출판사 직원의 반응이었다.

"이걸 어쩌죠. 우리도 그 책을 따로 보관한 게 없어서요. 먼 길 오셨는데, 정말 미안합니다."

이럴 수가……! 시내로 다시 나가려면 교통편이 택시밖에 없다며, 태양도공원 입구에서 기다려보라는 출판사 직원의 말이 야속할 따름이었다. 찾고자 한 책이 『설한』이어서 하얼빈의 겨울이 더욱 춥게 느껴졌다.

태양도공원 입구에 서서 얼마를 기다렸을까. 10분이 지나고 20분이 다 지나도록 택시는 함흥차사였다. 그만 발길을 돌려 공원으로 들어갔다. 허기진 배부터 채워야 뭐라도 할 수 있을 것 같았다.

태양도공원은 의외로 아늑했다. 섬을 둘러싼 주변의 교목들이 쑹화강에서 불어오는 칼바람을 성벽처럼 감싸주었다. 무작정 찾아 들어간 식당 분위기도 마음에 들었다. 러시아 분위기를 물씬 풍기는 레스토랑은 류연산(조선족 르포작가)이 말한 것과 큰 차이가 없었다. '일본의 가장 특점은 '작다'는 것이다. 키가 작고 집이 작고 국토가 작고 국민의 심태도 협소하다. 반대로 러시아의 특점은 '크다'는 것이다. 키도 크고 집도 크고 국토도 크고 국민들 성격도 대범하다.'

일본을 약간 우회적으로 비꼬아서 그렇지, 러시아 부분만큼은 고개가 절로 끄덕여졌다. 18세기를 배경으로 영화를 찍는 세트장처럼 레스토랑 전체에 기품이 흘렀다.

청나라 수사영지(水師營地)였던 태양도가 외국인들의 휴양지로 바뀐

건 동청철도가 완공된 이후였다. 섬 전체가 태양처럼 원형을 이루고 있다 해서 태양도라 불렸다는 설과, 섬 지면에 깔린 모래가 햇살을 받으면 태양처럼 뜨겁게 달아오른다고 해서 붙여진 설도 있지만, 그보다 더 재미난 사실은 하얼빈(만주)에서 최초로 비키니 차림이 등장한 곳이 바로 태양도였다는 점이다. 특히 태양도는 한 곡의 노래가 전파를 타면서 중국인들에게 널리 알려졌다.

해맑은 여름하늘 가없이 푸른데

明媚的夏日里天空多么晴朗

아름다운 태양도 우리를 부른다

美丽的太阳岛多么令人神往

낚싯대 둘러메고 숙영장막 짊어지고

带着垂钓的鱼杆带着露营的篷帐

우리 왔노라 태양도에 우리 왔노라 태양도에

我们来到了太阳岛上 我们来到了太阳岛上

총각은 어깨에 기타를 메고 처녀들 수영복 차렸네

小伙子背上六弦琴 姑娘们换好了游泳装

싱라이(邢籟)가 부른 〈태양도에서(太阳島上)〉 가사처럼 마오쩌둥 체제에서 비키니는 어려운 일이었다. 하얼빈은 사정이 좀 달랐던 모양이다. 헤이허에서 만난 정태순 씨는 1970년대의 하얼빈을 다음과 같이 기억

한다.

"중학교 2학년 때 친구들과 하얼빈으로 유람을 간 적 있는데 조금 놀라긴 했어요. 다른 지역에 비해 하얼빈은 공산당 냄새가 덜했다 할까요. 우리 가족이 살았던 가목사(佳木斯)만 보더라도 아침에 눈을 뜨면 붉은 오성기와 함께 난리도 아니었는데 하얼빈은 조용한 거 있죠? 입는 것에서부터 먹고 노는 것까지, 집체에서 생겨난 긴장감을 찾아보기 힘들었어요. 한마디로 하얼빈은 신세계나 다름없었죠."

추측건대 그것은, 마오쩌둥 체제에서도 하얼빈을 찾는 외국인 관광객들의 발길이 끊이지 않아서일 것이다. 중국 정부는 경제 사정이 가장 좋지 못한 1958년(대약진운동 시기로 아사자만 3,000만 명이 넘었다)에 태양도를 '태양도공원'으로 정식 지정해 외화벌이에 나선 것이다.

2007년 중국 정부는 태양도공원을 국가급 풍경구로 재지정했다. 하얼빈시의 행정 구도도 그때 백팔십도로 바뀌었다. 인구 400만에도 못 미쳤던 하얼빈이 인근 아청(阿城)과 쌍청(双城) 등을 편입하면서 1천만에 육박하는 거대도시로 거듭난 것이다. 현재 하얼빈시에는 난강, 다오리, 다오와이, 샹팡, 핑방, 쑹베이, 아청, 쌍청, 후란 등 9개 구(區)가 있다. 태양도는 쑹베이구에 있다.

울릉도 면적의 절반쯤 되는 태양도공원(38㎢)의 특점은 휴식기가 따로 없다는 것이다. 봄에는 모래조각전, 여름철에는 관광문화제가 있는 피서지로, 겨울철에는 빙설축제로 관광객들을 불러들인다. 매년 1월에서 2월 말까지 열리는 빙설제는 하얼빈 최고의 축제로, 자그마치

7,000명이 14일 동안 축제 준비를 한다는 말을 듣고 놀라움을 금치 못했다.

빙설제를 제대로 즐기려면 저녁도 단단히 챙겨 먹고 옷도 한 벌 더 껴입어야 한다. 빙설제가 열리는 곳은 체감온도가 영하 40도를 훌쩍 뛰어넘는다. 낮에 보면 그저 밋밋한 눈 조각에 얼음조각일 뿐이지만 날이 어두워져 조명이 켜지면 태양도는 아라비안나이트로 변한다. 빙설축제는 특히 기온이 영하로 하강하면 할수록 더욱 빛을 발하는데, 저녁 9시경이 그 절정의 순간이다. 그때 가야 제대로 된 북방의 겨울 왕국을 맛볼 수 있다.

얼어붙은 강폭만 1km 남짓. 쑹화강을 걸어서 도착한 태양도공원은

인적이 없었다. 나만의 길이란 바로 이런 게 아닐까, 발길 닿는 대로 걷다 보면 또 다른 길이 열리는. 태양도공원은 여름에도 좋지만 겨울에 더 즐겨 찾는 이유이기도 하다.

하얀 눈밭에 서 있는 진홍빛 건축물이 새삼 돋보인다. 철제다리로 연결된 관청성(觀淸聖)이라는 절이다. 그곳을 한참 지나 좌측 길로 접어들었다. 자작나무 사이로 러시아인들의 생활관이 보였다. 지난여름에는 금발의 러시아 여인이 목조의자에 앉아 독서를 즐기고 있었다. 한 걸음, 또 한 걸음 발목 높이까지 쌓인 자작나무숲으로 걸어 들어가자 곧 정적이 찾아왔다. 자작나무에 등을 기대고 선 채 나도 가만히 숨을 죽였다. 이만큼 걸어온 길을 돌아보려면 한 그루 나무가 되어야 한다는

것쯤은 이제 알고 있었다. 하늘을 닮아가고 바람을 닮아가고 한 그루 나무를 닮아간다는 건 내 안 어딘가에 보이지 않는 그림자가 존재한다는 의미이기도 했다.

태양도공원에 들어선 동북항일연군(東北抗日聯軍) 공원은 왠지 뜨악한 기분마저 들었다. 모처럼 만에 모인 가족들이 단란한 한때를 즐기고 있는 휴양지에 무장한 군인들이 나타나 섬 전체를 싸늘하게 만들어버렸다고 할까. 그렇지만 태양도공원에도 항일의 역사가 숨 쉬고 있음을 머잖아 알게 되었다.

2010년 8월, 만주를 여행 중인 나는 일행들과 함께 단둥에 머물고 있었다. 하얼빈 시내의 교통이 갑자기 마비상태라며, 김정일의 하얼빈 방문을 귀띔해준 사람은 단둥에서 여행사를 하는 조선족 후배였다. 나는 함께 여행 중인 학생들의 반응이 더 놀라웠다. 사흘 전에 하얼빈을 거쳐 온 터라 학생들의 질문이 거침없이 쏟아졌다.

"김정일이 왜 하얼빈에 왔죠? 하얼빈과 김정일은 무슨 관계가 있죠? 혹시 김정일도 우리처럼 안중근 의사를 만나러 온 게 아닐까요? 아니면 731부대를……?"

때가 때인지라 한국의 각 언론들도 김정일의 깜짝 방문을 속보로 전하고 있었다. '김정일이 방문한 하얼빈은 그의 부친 김일성과 인연이 깊은 곳이다. 학생 시절 김일성은 동맹휴학을 주도한 반일죄로 8개월간 징역살이를 하였는데 그 후 김일성이 첫 애인 한영애와 함께 도주한

곳이 하얼빈이다.' '김일성은 지린시 위원(毓文)중학교 재학 당시 만든 조선공산주의 혁명동맹의 동지였던 김혁이 하얼빈에서 빨치산 운동을 벌이다가 일본 경찰에 체포돼 1930년 사형을 당하자 하얼빈에 한 달간 머물면서 김혁 체포 경위를 파악하는 한편 직접 조직활동에 참가하기도 했다.' '무단장 베이산(北山)공원에는 김일성이 항일운동을 할 때 사용한 아지트가 있는데 그곳에서 활동하다 옥살이를 한 김일성은 일본군의 대대적인 탄압을 피해 자신의 활동무대를 하얼빈으로 옮겼다.'

1921년 상하이에서 출범한 중공(중국공산당)이 하얼빈에서 첫 활동을 시작한 건 1927년도였다. 이때 조선공산당은 중공에 흡수되었는데, 김일성, 양림 등이 거쳐 간 '동북항일연합군'은 일제를 위협하는 골치 아픈 항일세력이었다.

태양도공원을 빠져나오자 공로대교(公路大橋) 너머로 회색빛 노을이 지고 있다. 일확천금을 꿈꾸며 만주로 향하는 일본인들의 풍상을 담은 영화 〈붉은 달〉에서 나는 스토리는 버린 채 풍경만 남겨놓았었다. 무채색의 겨울 만주를 그토록 처연하게 보여준 영화는 〈붉은 달〉이 처음이었다. 언제 봐도 쓸쓸하고 애잔한 겨울 만주의 무채색 노을빛. 태양도를 연결한 공로대교를 건너오면서 나는 다 늦은 시각에 집을 나서는 초로의 사내를 조용히 그려보았다.

군력중심광장
⊙

군력가

⊙ 산수서성

⊙ 중국목조관

# 각기 다른 형상들

 

나무로 어떤 물건을 만들거나(木造), 나무에 어떤 물건을 새기는 것(木彫)이면 또 모를까, 나무 목(木)에 독수리 조(雕)는 고개를 갸웃거리게 한다. 손에 집히는 거라곤 알량한 무늬 정도다.

건국가(建國街)를 지나온 버스가 공의대가(工衣大街)로 접어들 때였다. 다오리구 서쪽 끝에 있는 군력가(群力街)는 재개발 공사가 한창이다. 도심에서 밀려난 주민들이 이웃하며 지낸 자리에 고층 아파트들이 들어서면서 생채기의 흔적이 곳곳에 남아 있었다.

버스가 정차한 곳은 군력중심광장 앞이었다. 광장공원에는 하얼빈 터줏대감인 여진족의 조각상이 원을 그리듯 세 부분으로 배치돼 있다. 남녀가 강에서 고기를 잡는 모습, 요리한 물고기를 제단에 바치며 각자 예를 갖추는 모습, 그리고 풍악에 맞춰 신나게 춤을 추며 노는 한마당은 투박하지만 호탕해 보인다.

길가에 버려진 나뭇조각을 본떠 지었다는 중국목조관(中國木雕館)은 색

상부터가 궁금증을 유발한다. 거대한 은빛 고래가 포효를 마친 뒤, 잠시 휴식을 취하는 것처럼 보인다. 건물의 규모도 어찌나 크고 긴지, 카메라에 담는 것조차 벅찰 지경이다.

전시관 입구를 지키는 남자 직원이 후자오, 여권을 보여 달라고 한다. 유료 관람도 아닌데 무슨 일이지? 잠깐, 그 생각을 하고 있던 차 직원이 안으로 들어가도 좋다는 신호를 눈짓으로 보내왔다. 여권을 다시 챙긴 뒤 전시관으로 들어선 난 걸음을 뚝 멈추었다. 입에서 갑자기 딸꾹질이 날 정도로 실내 규모가 어마어마했다. 더욱 인상적인 부분은 밖으로 난 조그만 창(窓)이었다. 일본 오사카에 있는 카이유칸(수족관)에 들어온 기분이다. 거리를 보행 중인 행인들의 모습이 마치 바닷속을 유영하는 물고기처럼 보였다.

그렇지만 목조관은 옥에 티처럼 전시실 배치가 흠으로 남았다. 값비싼 목공예 작품의 도난을 방지코자(입구에서 신분증 제시를 요구받은 것도 실은 그 때문이었다.) 그럴 수밖에 없었다는 직원의 해명이 뒤따르긴 했지만, 그것만으로는 왠지 충분해 보이지가 않았다. 지상 2층, 지하 1층으로 설계된 목조관은 2층 전시실이 채광도 좋고 면적도 가장 넓었던 것이다. 다시 말해, 우지학(于志學)이라는 화가가 2층 전체를 독차지한 셈이었다. 1935년 헤이룽장성 자오둥(肇東)에서 출생한 우지학은 하얼빈 빙등제 빙설화파(冰雪畵派) 창시인, 헤이룽장성 국화원(國畵院) 원장, 하얼빈시 1급 화가 등 그를 지칭하는 수식어만도 셀 수 없을 정도로 그는 하얼빈이 낳은 금세기 최고의 화가다.

그러나 유명세와는 별도로 우지학은 관람객들의 발길을 붙들기에는 한참 역부족이었다. 40여 점의 수묵화가 내걸린 2층 전시실은 건성건성, 마지못해 둘러보는 정도였다. 반면에 관람객들은 지하실에 전시된 목공예 앞에서는 다들 군침을 삼켰다.

언어, 문학, 음악, 춤, 신화, 건축, 공예 등 소멸 위기에 처한 인류무형문화유산을 선정해 보호하자는 취지로 1997년 유네스코(UNESCO) 국제연합교육과학문화기구가 발족했다. 우리나라는 '종묘 제례악', '판소리', '강강술래', '처용무' 등이 유네스코 인류무형문화유산으로 등재되었다. 그에 반해 중국은 전통 목조건축과 공예 부문에서 깊은 인상을 남겼다.

중국의 목조건축물 발전사를 불교, 도교, 궁, 전통가옥 순으로 조상(造像)한 1층 전시실이 이론학습 단계였다면, 지하 전시실은 중국 목조

공예의 진수와 스케일을 만끽할 수 있는 공간이었다. 지하 전시장을 가득 채운 목공예 한 점 한 점에서 눈을 떼지 못했다. 특히 시선을 사로잡은 건 아름드리 나무뿌리를 이용해 조각한 18명의 군상이었다. 삼라만상을 빌어 인간의 희로애락을 그대로 옮겨놓은 것 같아 숙연한 마음마저 들었다. 150cm 높이의 뿌리에 웃다가 울고 울다가 웃었던, 우리네 지난 일상들이 칼끝에 고스란히 새겨져 있었다.

좌우로 걸린 두 여자의 작품도 눈여겨볼 만했다. 좌측의 여자는 풀어놓은 소들이 풀을 뜯는 동안 휴식을 취하는 중이고, 우측의 여자는 나무껍질 속에서 아주 묘한 표정을 지어 보였다. 서로 대비되는 두 여자 사이에서 갈등은 그렇듯 더욱 증폭되었다. 치맛단을 길게 늘어뜨린 채 휴식을 취하는 맨발의 여자한테서는 어떤 강렬한 끌림이, 나무껍질 속에서 수줍은 듯 얼굴을 내민 여자한테서는 성경 속 마리아의 냄새가 났다.

하하, 이런 것도 가능하구나! 삼국지와 수호지, 서유기의 한 장면을 칼끝으로 그려낸 목조공예도 꽤 신선해 보였다. 조명이 어두워 불만스러운 가운데서도 관람객들은 황홀한 창조물 앞에서 묵연했다.

중국 음식만 벌써 나흘째. 점심을 먹기에는 시간이 좀 이르긴 했지만 느글느글한 속(중국의 한족 음식은 둘 중 하나다, 볶았거나 튀겼거나.)부터 가라앉힐 셈으로 광장공원을 가로질러 건너편 산수서성(山水書城)으로 향한다. 산수서성 건물에는 청나라 건축물을 모작해 꾸민 식당가와 기념품 판매소, 하얼빈에서 규모가 가장 크다는 대형서점이 들어서 있는데 내가 찾아가는 곳은 우주식당이다. 물론 하얼빈에 다른 조선족(한국) 식당들도 십여 개 남짓 있지만 우주식당만큼 뒤끝이 개운하진 못했다.

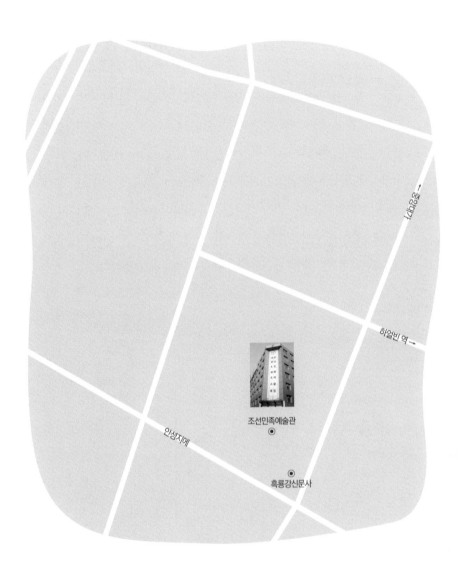

중앙대가 →

하얼빈 역 →

조선민족예술관
◉

안성지에

◉ 흑룡강신문사

# 모국어 여행

해방 시기 헤이룽장성에서 예술 분야 활동이 가장 활발했던 지역은 무단장시였다. 1946년 3월에 창립된 '동북신흥예술협회'는 신민주주의 세계관을 확립하고, 공연을 통해 인민들을 독려하며, 우리 민족의 예술성을 추구해 나간다는 토대 아래 꾸준한 활동을 벌였다. 〈무궁화〉 〈두만강을 등지고〉 등이 그 무렵에 공연되었는데, 두 편 모두 이주민의 애환과 민족애를 담고 있다.

하얼빈은 그보다 조금 늦은, 1950년 1월에 '하얼빈 조선인 문화관'이 문을 열었다. 인민정부 문교국(文化교육국) 직속단위로 첫발을 뗀 조선인 문화관은 문화선전대부터 꾸렸다. 아무래도 문교국으로부터 재정적 지원을 받아서 중국 정부의 정책 홍보를 모른 체할 수 없었다.

기실 바람은 옌볜에서 먼저 불었다. 옌볜 조선족자치주 초대 주장을 지낸 주덕해는 1949년 전원공서전원(專員公署專圓)에 임명되면서 중국 정부에 두 가지 문제를 거듭 요청했다. 조선족만의 구역자치 실현과 중국 공민권이었다. 결과는 나쁘지 않았다. 옌볜 지역에 중국 정부로부터 정식 승인을 받은 조선인 문화관과 몇몇 학교가 들어서면서 그 불길이 점차 다른 지역으로 확대된 것이다.

1952년 9월 3일, 중국 정부가 마침내 공민권 카드를 꺼내 들었다.

"중국 동북 지역에 거주하는 모든 조선인은 오늘부터 중국 공민이 된다. 또한 동북 지역에 거주하고 있는 조선인들은 조선에서 온 사람들이므로 '조선족'이라 부른다."

'하얼빈시 조선인(人) 문화관'도 1952년 9월 옌볜 조선족자치주 설립을 계기로 명칭이 '하얼빈시 조선족(族) 문화관'으로 바뀌었다.

조선족 문화관이 역풍을 맞은 건 안타깝게도 자리를 막 잡아가던 때였다. 다섯 명으로 출발한 직원 수가 15명으로 늘어나면서 이제 우리도 뭔가를 할 수 있다는 기대감에 부풀었다. 그러나 1966년 8억 중국인민의 10년을 앗아간 비극 문화대혁명을 조선족 사회도 비켜갈 수 없었다. 먼저 거리의 간판들이 수모를 겪었다. 한글 옆에 한문도 집어넣으라는 압박이 가해지면서 병기(倂記)의 시작을 알리고 있었다.

사람들 눈에 잘 띄는 간판의 수모는 그걸로 끝이 아니었다. 만주를 침략한 일제가 함흥집, 해주집, 개성집, 전주집, 부산집 등의 간판들을 철거한 것처럼 중국도 그때의 전철을 밟고 있었다. 일제는 만주의 조선인들이 동향(同鄕)을 빙자해 식당에서 자주 모인다는 이유로, 중국 정부는 문화대혁명에 거슬린다는 이유로 중국 전역의 '문화'라는 명칭을 모조리 없애버렸다. 조선족 문화관 간판도 그때 사라졌다. 조선족 문화관이 사라진 뒤 햇수로 꼭 20년 만인 1987년, '하얼빈시 조선민족예

술관'이 개관했다. 곧이어 중국에 개혁·개방 바람이 불면서 예술관도 활기를 되찾았다. 서른넷이라는 약관의 나이로 관장에 임명된 서학동 씨는 단원들을 이끌고 우리 동포들이 사는 일본, 미국 등지를 돌며 해외공연을 펼쳤다.

콧수염이 인상적인 서학동 씨와는 2006년 할라의 주선으로 첫인사를 나누었다. 그해 여름 다오리구 안성지에(安升街)에 새롭게 단장한 예술관은 조선족민속박물관, 안중근기념관, 예술전람관, 노년문화활동센터 등 7층 건물 내부가 몰라보게 변해 있었다. 특히 안중근기념관은 초미의 관심사였다. 중국 정부의 승인을 받아내기가 결코 쉽지만은 않았던 것이다. 초면임에도 불구하고 나는 그 점을 먼저 물어보지 않을 수

없었다.

　"생각의 차이 아닐까요? 역사와 문화를 별개의 것으로 보려는 수준의 차이일 수도 있겠고. 대학 시절부터 나는 역사와 문화를 같은 수레바퀴로 보았는데, 안중근 의사 기념관 설립도 그래서 가능하지 않았나 싶습니다. 하얼빈에서 머문 시간이 극히 짧았던 것에 비해, 안 의사가 남긴 역사적 행적은 전율 그 이상이었으니까요. 바로 그런 분을 너무 오래 묻혀두었다는 게 자책감으로 다가왔고, 또 안중근 의사 정도라면 뒷감당할 자신도 있었습니다. 아닌 말로 기념관이 사라졌으면 사라졌지 안중근 의사께서 사라지기야 하겠습니까?"

　역사와 문화의 수레바퀴. 짧은 호흡과 긴 여운. 이야기를 듣고 보니 더 이상의 설명이 무슨 필요가 있을까 싶었다.


　조선민족예술관 건물에는 반세기 넘게 동고동락한 식구가 하나 더 있다. 1959년에 창간한 문예지《송화강》이다.

　《연변문학》 다음으로 나이가 많은《송화강》도 창간 무렵 적잖은 진통을 겪었는데, 다름 아닌 조선어가 발목을 잡혔다. '문예지가 먼저냐, 조선어가 먼저냐?' 조선족 작가들이 쓴 작품 전부를 중국어로 번역하지 않으면 승인을 해줄 수 없다는 하얼빈 시정부 선전부의 일침에 창간호를 준비 중인 서명훈 씨도 물러서지 않았다. 선전부의 요구를 곧이곧대로 수용해버린다면《송화강》 창간은 아무런 의미가 없었다. 다행히 《송화강》은 글의 제목만 한문으로 표기하는 선에서 합의를 본 뒤 세상에 나올 수 있었다.

　그러나 창간호 때 겪은 고통은 이제 시작일 뿐이었다. 세상을 뒤엎을 듯이 찾아온 중국의 문화대혁명은 협의 자체가 무의미했다. 당으로부터 지시가 떨어지면 입조차 뻥긋할 수 없었다. 서명훈 씨는 당시의 상황을 다음과 같이 기록한다.

　"문화대혁명이 일어나자 문예계가 그 첫 방망이를 맞았다.《송화강》도 수백 편의 혁명적 문예작품들이 중국공산당을 반대하고, 사회주의를 반대하며, 모택동 사상을 반대하는 독초가 되어 수십 명의 작가들이 억울한 누명을 쓴 채 타격을 받았다. 심지어 그들은 사회주의 시기에 무슨 민족 타령인가, 우리나라는 한 개 민족밖에 없다며 반동적인 이론

을 내놓았다."

하루아침에 직장에서 쫓겨난 직원들은 조선족 문학도 읽을 수 없었고 조선의 노래도 더는 부를 수가 없었다. 56개 소수민족으로 구성된 중국은 공산당 정부만이 유일할 뿐이었다.《송화강》이 복간된 것은 1981년 12월에 와서였다.

'반세기 전통 우리글 월간지.'

케케묵은 장롱에서 꺼낸 복순이의 옷 색깔이 저러할까? 지구촌, 세계화, 국제화, 글로벌…… 각종 신조어가 난무하는 시대에《송화강》의 표지는 촌스럽기도 하거니와 이 무슨 신기루인가 싶기도 했다. 잡스러움으로 치면 지금의 시대야말로 사꾸라 짬뽕에 헬로우 조지가 아닌가!

그나마《송화강》편집장을 맡고 있는 구용기 씨의 이야기에 한결 마음이 놓였다.

"한국(문예지)처럼, 재정적으로 큰 어려움은 없는 것 같아요. 모든 비용을 국가로부터 전액 지원받고 있으니. 물론 한국의 문예지들과 견준다면《송화강》은 여러 면에서 질이 떨어질 수도 있습니다. 그렇지만 우리로서도 스스로 자부하는 게 있습니다. 창간호를 준비할 때부터 한민족의 모국어를 꿋꿋이 지켜냈다는 것과,《송화강》이 있었기에 흑토에 조선족 문학의 꽃을 피워낼 수 있었다는 겁니다."

그리고 보니 생각나는 사람이 있었다. 지난겨울 둥닝(東寧)에서 만난 신금화 시인이었다. 저녁을 먹는 자리에서 그녀는 부모님 제삿날보다 더 기다려지는 날이 매년 1월 흑룡강신문사에서 열리는 작가들 모임이라며 운을 뗀 뒤, 저녁에 기차를 타서 아침에 내리는 그 먼 길(531km)을 8년 동안 한 번도 거르지 않고 모두 참석했다며 주위를 놀라게 했다.

이야기 도중에 구용기 씨가 며칠 전에 나왔다며 따끈따끈한《송화강》을 한 권 주었다. 책을 받아든 나는 웃음을 참느라 애를 먹었다.《송화강》의 매력 중 하나가 노동자와 농민들이 쓴 글을 심심찮게 접할 수 있다는 것인데, 2015년 신년 호 특집도 목욕탕에서 때밀이로 일하는 실화문학(산문르포)이 그 첫 페이지를 장식하고 있었다.

먼저 필자인 류정남 씨는 '때밀이란 별로 힘들지도 않은 실속 있는 돈벌이 중 하나'라고 밝힌 뒤 말라깽이, 뚱보, 왕털보, 절름발이, 국장님과 작은 기사, 고양이와 허수아비 등 본인이 직접 겪은 수컷들의 알

몸뚱이를 낱낱이 까발려놓았는데, 그 결정체는 7페이지에 있었다. "나는 목욕탕에 오는 단골손님과 나에게 특별한 인상을 준 사내들의 표징인 '무기'에 따라 내 나름대로 번호를 매겨 주었다. 특1호 거형대포(절름발이), 1호 러시아식 탱크포(왕털보), 2호 박격포(말라깽이), 3호 3.8식 보총(국장님), 4호 5.4식 권총(뚱보), 5호 독일제 모젤권총(고양이)……."

우리 돈 8,000원이면 목욕에 때까지 동시에 해결할 수 있는 중국의 목욕탕. 그럼 중국의 1940년대 목욕탕 풍경은 어떠했을까? 안용순의 「북만순려기(北滿巡旅記)」를 읽던 나는 그만 배꼽이 빠지는 줄 알았다.

욕통에 들어갔다가 나오니 몸을 닦는 것이 아주 굉장하다. 그냥 앉혀 놓고는 목덜미와 팔을 닦고 자빠뜨려놓고는 가슴, 배, 다리를 닦고 엎치려 놓고는 잔등, 볼기짝을 닦고 모로 눕혀놓고는 겨드랑이 갈비뼈를 닦아준다. 도무지 처음이 되어 어색하기도 하거니와 우습기가 짝이 없다.

떡 본 김에 제사 지낸다고, 목욕탕 이야기가 나왔으니 안마 이야기도 안 할 수가 없다. 한국을 찾은 외국인 노동자들이 제일 먼저 배우는 한국어가 빨리빨리, 꺼져, 이 새끼 저 새끼. 만주에서 만난 중국인 안마사들은 '아파? 살살? 괜찮아? 더 세게'를 아예 입에 달고 다녔다.

그동안 만난 사람 중에서 배봉섭 씨는 술꾼 중에 술꾼이다. 그는 촉촉한 안주가 다 말라가도록 아예 거들떠보지도 않는다.

"교열과 경제(部)만 빼놓고 다 옮겨 다녀봤는데, '신문밥'이라는 게 그렇더라고. 목구멍으로 술이 넘어가지 않으면 될 일도 안 되더란 말이지."

신문밥. 속칭 기자들을 일컫는 용어이긴 하나, 하얼빈에서 듣는 신문밥과 한국에서 들었던 신문밥은 감회가 또 달랐다. 뭐랄까, 생소함 때문인지 호감이 더 가는 편이었다.

신문사 기자가 되기 전 배봉섭 씨는 학교에서 학생들을 가르치는 평범한 교사였다. 하지만 그는 입사 4년 만에 학교에서 떨려나고 말았다. 조선족 인구 감소로 중학교와 고등학교가 통폐합하는 바람에 섭슬렸다.

"서럽다기보다는, 이 생각이 먼저 들더군. 세상이 나한테 밥 먹는 길을 제대로 가르쳐주고 있다는. 대학을 졸업한 교사들은 통폐합에도 끄떡없는 반면에, 나처럼 고등학교만 졸업한 골간교사(계약직 교사)들은 한 방에 날아가지 뭔가."

집안 사정을 고려한 배봉섭 씨는 짐을 꾸려 옌지로 떠난다. 치치하얼(齊齊哈爾)에서 가까운 하얼빈에도 대학은 많았지만 그 무렵 유행처럼 떠도는 말이 있었다. 만만한 게 옌볜대학이라는. 아닌 게 아니라, 옌지에 있는 옌볜대학은 입에서 하품이 날 만큼 수업이 헐렁했다. 매 학기 연구과제만 제출하면 그것으로 끝이었다.

"스물넷에 입학을 했으니 적은 나이도 아니겠다, 그러니 뭐, 술 마실 일밖에 더 있었겠나. 한 십 년 마실 술을 3, 4학년 두 해에 걸쳐 다 털었다면 믿겠냐 말일세."

공부한 기억보다 술 마신 기억이 더 많은 옌볜대학을 뒤로하고 찾아간 곳은 흑룡강신문사였다.

"입사하고 뒤 달쯤 됐을까. 한 건물에서 두 개의 언어로 간행되던 신문이 각자의 신문을 낸다고 하지 않겠나? 우리로서는 당연히 대환영이었지. 한어 신문이 짐을 싸서 다른 건물로 이사를 갈 때는 부풀어 오르는 자긍심에 모두 어찌할 바를 몰랐고. 아, 그런데 빌어먹을! 몇 년 지나서 보니까 그게 꼭 좋은 것만은 아니라. 조선어가 중국어한테 밀린 거지."

중국어 신문이 빠져나간 자리는 무엇보다 시정부의 재정지원에서 그 차이를 드러냈다. 엎친 데 덮친 격으로 헤이룽장성의 조선족 인구가 급격히 감소하면서 재정적 압박은 날로 심해졌다. 2010년 조선족 인구 감소 추이를 보면 지린성 9.21%, 랴오닝성 0.63%, 헤이룽장성 15.6%로 두 성과 비교해도 현격한 감소율을 보였던 것이다.

"조선족 사회를 지탱할 마지막 보루가 바로 학교인데, 동북 3성에서 흑룡강성의 속도가 그중 빠른 것 같아. 하얼빈시의 조선족 학교들이 10년을 버틴다고 내다봤을 때 나머지 지역의 학교들은 삼사 년 안에 문을 닫는다는 결론이 나왔거든. 그런 데다 하얼빈의 경우는 400만 도시를 1,000만 도시로 키우면서 한족 인구가 대폭 증가했잖은가. 조선족 입장에서 보면 결코 좋은 현상은 아니지. 한족 인구가 늘어나면 늘어날수록 조선족들은 그만큼 움츠러들 수밖에 없으니까."

"신문사는 어떻습니까?"

"인원감축 바람이 불면서 많이들 떨어져 나갔어. 120명을 넘었던 직원 수가 현재 80이나 될까?"

식당 벽에 걸린 시계가 밤 10시를 지나고 있었다. 술잔을 거머쥔 배봉석 씨의 표정이 담담해 보였다.

"어쩌겠나, 흑룡강성에 조선족이 단 한 명이라도 남아 있는 한 한글판 신문은 간행된다고 큰소리치는 저들의 호언을 믿어볼 수밖에……."

마지막 술잔이 조금 씁쓸하긴 했지만 그렇다고 낙담할 때도 아니었다. 《송화강》의 '우리글' 표지처럼 흑룡강신문에서도 그와 유사한 한 줄 문장을 보았던 것이다.

'토요일 신문은 한국식 맞춤법을 기준합니다.'

쑹화강

다오와이구

대신가

북신로

우의로

다오타이부

문화공원

자오린공원

소피아성당

조선민족예술관

# 마지막 관청
# 다오타이부

어느 곳을 중심에 놓고 지도를 볼 것인가?

이 문제는 매우 흥미롭다. 중국 지도에서는 하얼빈이 북단에 있어 춥겠다는 생각이 먼저 들지만, 반대로 러시아의 지도를 펼치면 상황은 무척 달라진다. 저 문만 열리면 남쪽으로 얼마든지 뻗어 나갈 수 있는 희망봉이 코앞이랄까. 하얼빈에서 다롄까지 확장 연결한 남부선 철도가 그 좋은 예라고 할 수 있다.

하얼빈을 분할하는 과정에서 청나라는 상당한 위기의식을 느껴야 했다. 소위 하얼빈의 노른자위라고 할 수 있는 쑹화강 연안(다오리구)과 하얼빈역 주변(난강구)을 러시아 측이 모두 독차지해버린 것이다. 심지어 러시아인들은 자신들이 건설한 중앙대가에 중국인은 얼씬도 못 하게 했는데, 청나라 입장에서 보면 제 땅 내주고 곁방살이하는 격이었다.

러시아의 뒤를 이어 진출한 영국, 미국, 프랑스, 독일 등 서구의 강국들도 청나라에는 경계의 대상이었다. 일전에 모스크바에서 러시아와 군사동맹 강화를 약속하긴 했지만, 일본이 손을 뻗쳐올 때는 사정이 달라질 수밖에 없었다. 변방통치에 대한 시급성을 깨달은 청나라는 1907년 다오와이구(道外區)에 다오타이부(道台府, 빈강도라 부르기도 한다)라는 관청을 새롭게 지었다.

다오타이부 입구 양달진 곳에는 예닐곱의 노인들이 빙 둘러앉아 포커를 하고 있었다. 장기, 포커, 마작은 중국 어디에서나 흔히 볼 수 있는 놀이 중 하나로 남녀노소를 가리지 않는다. 그걸 잠깐 눈요기한 뒤 다오타이부 건물로 들어서자 웬 여자가 부스스한 몰골로 다가와서는 손부터 내민다. 싼스를 들먹이는 걸로 보아 입장료를 달라는 소리였다.

버스를 타고 오면서 느낀 거지만 다오리구와 다오와이구는 상반된 모습이었다. 불과 어제까지만 하더라도 이곳이 중국인지 러시아인지 모를 거리를 인파에 휩쓸려 싸돌아다녔다면, 오늘은 그 분위기가 한풀 꺾인 듯했다. 거리들이 왠지 스산해 보였다. 그리고 이 점은 다오타이부를 보는 순간 더욱 확실해졌다. 청조 말엽, 전 중국을 통틀어 제일 마지막에 건축된 하얼빈의 다오타이부는 쇠락을 눈앞에 둔 청나라의 마지막 풍경을 보는 것 같았다. 창춘의 위황궁이나 선양의 고궁처럼 지난날의 영성 따위는 어디에서도 찾아볼 수 없었다.

주로 참형을 행할 때 사용하는 행형도자나 삼지창, 곤장이 전시된 형방 앞을 지날 때였다. 금나라 황제들의 잔혹성이 잠깐 머리를 스쳐 갔다. 어전에서, 그것도 공개적으로 장형(杖刑)과 체형(體刑)을 가하는 일이

흔하게 벌어졌던 것이다.

　멀지 않은 곳에서 향냄새가 코끝을 자극했다. 관람객이라곤 달랑 나
혼자뿐이어서 향냄새의 진원지를 찾아가는 길이었다. 아, 그런데……
머리카락이 곤두서면서 섬뜩한 기분마저 들었다. 신전에 차려진 고깃
덩이를 두 마리의 고양이가 벌건 피를 묻혀가며 뜯고 있었다.

　神駒馬舍? 망아지를 키우는 곳? 성스러운 신(神) 곁에 상스러운 망아
지(駒)가 끼어 있어 하하, 절로 미소가 지어졌다.

　말에 대해 얼마간 눈을 뜬 건 마필관리사로 일하는 김성수 씨의 도움
이 컸다. 취재 길에서 만난 그는 우리가 일반적으로 잘 사용하지 않는
말의 종류를 설명하는 부분에서 내 귓속을 시원하게 후벼 주었다. 부루

말은 백마(白馬), 가라는 흑마(黑馬), 온몸이 붉은 말은 적다마(赤多馬), 온몸의 털이 밤빛인 말은 구렁, 흰빛에 거뭇한 점이 섞인 말은 서라, 이마와 뺨이 흰 말은 간자……. 취재를 마치고 김해에서 돌아온 나는 한국어 사전을 펼쳐 김성수 씨가 일러준 '구극(駒隙)'을 찾아보았다. 망아지 구(駒)에 틈 극(隙). 세월이 빨리 감을 뜻하는 그곳에 정말 부루말이 있었다. 내달리는 '부루말을 틈새로 본다'는 내용과 함께.

4개 부(府) 1개 청(廳)을 두었다는 청나라의 마지막 관청을 보고 나오는 길이었다. 아이들이 뛰노는 공원(관도유적지 문화공원) 너머로 붉은색 건물 한 채가 눈에 들어왔다. 널찍한 주차장까지 갖추고 있어 더는 망설

일 여유가 없었다. 다오타이부 안에 화장실이 보이지 않아 애를 먹던 참이었다.

'다오타이부 구완청(道台府 古琓城)'은 실내도 아늑하고, 제법 볼거리도 많았다. 엊그제 다녀온 산수서성이 여행객들을 상대로 저가의 기념품을 파는 곳이었다면 구완청은 낡고 오래된 고가의 상품들이 매장 가득 진열돼 있었다. 화려한 문양의 청나라 도자기, 왕만이 가질 수 있다고 해서 왕(王) 자에 점을 하나 넣어 옥(玉) 자가 탄생했다는 옥공예품, 더는 보여줄 시간이 없어 그만 멈춰버린 괘종시계, 그리고 19세기 말엽 하얼빈으로 이민을 떠나올 때 가져온 듯한 재봉틀, 타자기, 카메라, 축음기, 레코드판······.

러시아 군용 오토바이가 진열된 매장 앞에서는 이런 생각도 해보았다. 러시아 내전(1917~1922)이 시베리아로 번졌을 때, 그때 누군가 저 오토바이를 타고 망명길에 오르지 않았을까 하는. 1916년 3만 4,000명이었던 하얼빈의 러시아인 인구가 혁명정권에 반대하는 망명이 급증하면서 네 배로 불어났던 것이다.

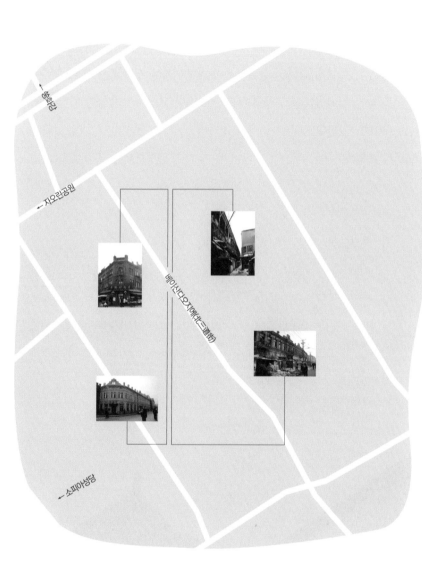

←충칭가

←지오린공원

베이션다오지에(中三道街)

←소피아성당

# 늙은 거리

소피아성당에서 2번 버스를 타면 베이산차이시장(北三菜市場)까지는 네 정거장.

다오와이구 베이산다오지에(北三道街)는 하나의 채널에서 흑백영화와 컬러영화를 동시에 보는 것 같다. 100년 전, 같은 해에 터를 잡은 베이산차이시장 쪽은 폐허로 저물어가는 중이고, 길 건너편 라오따오와이구 역사문화구(老道外區 歷史文化區)는 손님 맞을 준비가 한창이다.

2012년 5월 청국(淸國)풍으로 재현한 '중화 바로크'는 약간 낯설면서도 신선함을 선사했다. 선양을 제외하곤 만주에서 이런 거리는 처음이었다. 건축물에 비해 문들이 유독 작은 방자(ㄷ)형 구조는 이쪽에서 저쪽을 몰래 훔쳐보는, 묘한 짜릿함마저 안겨주었다.

사람들이 오가는 먹빛 거리에서 한 사내가 휴대용 접의자에 앉아 무언가를 열심히 만들고 있었다. 맥아당을 주원료로 하는 추이탕런(吹糖人)이었다. 그냥 지나치려는데 사내의 손놀림이 예사롭지 않았다. 맥아

당을 반죽한 그릇에서 적당량을 떼어낸 뒤 손으로 조물조물 재료를 둥글게 만들더니, 한쪽 귀퉁이를 죽 잡아당겼다. 재미난 풍경은 그다음에 벌어졌다. 자신이 만들고자 하는 동물의 몸통 부분에 빨대를 꽂은 다음 입김을 불어넣자, 풍선처럼 서서히 부풀어 올랐다. 사내는 그 찰나와 같은 순간을 놓치지 않았다. 몸통 부분이 적당히 부풀어 오르자 사내는 아주 재바른 손놀림으로 개의 모형을, 닭과 쥐의 모형을 만들어냈다. 명나라 때 첫선을 보였다는 중국의 사탕공예(당화, 糖画)는 그처럼 한 편의 마술을 보는 듯했다.

Y자 모양의 전봇대에서 흰 천이 바람에 심하게 나부꼈다. 尊德茶行 (존덕차행). 찻집 상호치고는 왠지 버겁다는 느낌마저 들었다. 문을 열고 안으로 들어갔더니 손님이라곤 창문을 통해 들어온 햇살뿐이었다. 다구들이 진열된 찻집 내부를 살피던 중 2층으로 난 목조계단이 보였다. 살금살금 계단을 타고 올라가자 2층은 1층과 또 다른 분위기였다. 책꽂이마다 헌책들이 가득 쌓여 있고, 누렇게 색이 바랜 책더미에서 번져오는 쿰쿰한 냄새가 괜한 향수를 불러일으켰다. 찻집 주인은 2층에서 이틀 전에 구운 다구를 손질하는 중이었다.

주인과 함께 1층으로 내려와 차를 두고 앉았다. 한국에서 왔다는 말이 떨어지기 바쁘게 주인이 악수를 청해왔다.

"반갑습니다. 당신은 오늘 우리 가게에 매우 특별한 손님입니다."

이게 무슨 소린가? 앞뒤 설명 한 마디 없이! 잠시 후 입을 연 주인의 말을 정리해보면 이랬다. 지난해 가을 찻집에 한국인 손님이 찾아오긴 했지만, 아쉽게도 그 청년은 하얼빈 공업대학에서 공부하는 유학생이었다. 그러니까 진짜 1호 손님은 바로 나인 셈이었다.

사정이야 어찌 됐든, 이것도 여행의 별미다 싶어 주인이 가져온 방명록에 이름을 한글과 한문으로 함께 써주었다.

"표융씨?"

중국어로 내 이름을 발음하던 주인이 다탁에 놓인 자신의 명함을 한 장 건네주었다. 철관음차(우롱차)를 마시고 있던 난 세상은 넓고 인간의 세계는 지극히 좁다는 사실을 또 한 번 깨달았다. 양뿌장(楊富張)과 나는 동갑내기였던 것이다.

내가 첫 한족 친구를 사귄 건 미산(密山)에 갔을 때다. 청산리 전투에서 승리한 항일독립군은 그 후 쫓기는 신세가 되고 말았는데(이는 일제가 민간인들을 무차별적으로 학살(경신년 학살)을 하자 마지못해 결정한 일이기도 했다.), 자취를 좇던 길이었다. 그러나 3,000여 명의 병력을 이끌고 미산에서 러시아로 넘어간 통한의 국경까지는 아직 갈 길이 멀어 보였다. 미산에 도착해 다방면으로 수소문했지만 하나같이 고개를 내저었다. 이제 그 국경은 민간인이 함부로 들어갈 수 없는 곳이라며. 이걸 어쩐다? 나에게 미산은 매우 중요한 곳이었다. 1920년 12월, 미산을 통해 러시아로 건너간 독립군들이 그만 러시아 내전에 휘말리면서 만주 땅에서의 항일 전선은 동력을 잃고 말았던 것이다. 자유시참변 때 목숨을 잃은 독립군의 수만도 1,500명이 넘었다. 미산에 온 지도 벌써 사흘째. 마침 그때 나를 도와주겠다는 사람이 나타났다. 미산에서 곡물상을 하는 리랜썽(李連生)이라는 한족이었다. 동갑내기 한국 친구를 만났다며 리랜썽은 다음 날, 두 명의 공안과 함께 나를 러시아군 초소까지 직접 데려다주었다. 돌아오는 길에 리랜썽은 어려운 부탁일수록 한족한테 직접 하는 게 좋다는, 새로운 사실도 알려주었다. 어차피 조선족한테 부탁해도 종국엔 한족 손에서 해결이 나는 게 중국의 현실이라면서.

한국의 역대 대통령들 이름을 꿸 정도로 양뿌장은 한국에 대한 관심이 높았다. 11명의 대통령 이름을 한자로 직접 써서 보여주기도 했다.

의기양양한 표정으로 바라보는 양뿌장에게 나는 하얼빈 이야기를 부탁했다. 한족을 통해 하얼빈을 한번 들어보고 싶었다. 손사래를 칠 줄 알았던 양뿌장은 대번에 입을 열었다.

"러시아로부터 직접적인 영향을 받아 사람들의 성격 자체가 시원시원하다. 그렇지만 당신이 조심해야 할 것도 있다. 남자보다 여자들이 더 억세고 직설적이다. 하얼빈 여자들과 직접 술을 마셔보면 금방 알 수 있을 거다. 러시아 여자인지 중국 여자인지, 나도 잘 분간이 안 된다."

방금 양뿌장이 말한 대로 나도 식당에서 몇 번 경험한 것들이었다. 술을 마시는 중인 여자들의 목청이 어찌나 큰지 시끄러워서 밥을 제대

로 먹을 수가 없었다. 담배도 모녀가 주거니 받거니, 거의 골초 수준이
었다.

"물론 하얼빈에 억센 여자들만 사는 건 아니다. 중국에서 짧은 치마
를 최초로 입었던 도시가 바로 하얼빈인데, 복장문화 수준은 꽤 높은
편이다. 다른 지역의 여자들이 바지만 입고 지낼 때 하얼빈 여자들은
리엔이친(連衣裙)이라는 원피스를 입고 다녔다. 아무튼 하얼빈은 러시아
가 들어왔을 때부터 여자들이 먼저 당당함을 뽐낸 그런 도시였다."

"다오와이구는 어떤 곳인가?"
"우리는 이곳을 라오따오와이(老道外)라고 부른다. 하얼빈에서 가장 오래된 마을이라는 뜻을 담고 있다. 1746년 만족들이 처음 살았다는 기록도 있지만 나는 하얼빈의 시작을 백 년 전으로 본다. 하얼빈이라는 도시가 원래 러시아를 **빼놓고선** 설명하기가 곤란한 곳 아닌가."

빛과 어둠? 아니면 빛과 그림자? 양뿌장의 이야기를 들으면서 나는 고(古)와 노(老) 사이에서 잠시 생각을 가다듬었다. 중국에서 이 둘은 한국과 사뭇 다르다. '古'에 이끼가 끼어 고풍스러움이 더해졌다면 '老'에서는 천하태평의 사람 냄새가 났다. 늙었다는 것이 아니라 오래되었다는 뜻이 곧 아름다워졌다는 뜻이었다. 다오와이구 베이산다오지에 주변이 바로 그런 곳이었다. 가는 곳마다 정감이 묻어났다.

점심때가 가까워 찻집으로 까까머리를 한 청년이 들어왔다. 양뿌장과 함께 일하는 한뚱(韓東)이라는 친구였다. 장자제(張家界)에서 왔다는 말에 의자를 바짝 당겨 앉았다.

"장자제에서 하얼빈까지가 만만찮은 거린데……?"

"사실은 고향을 스무 살 때 떠났습니다. 전각을 배우려고 라싸(拉薩)로 갔죠."

라싸를? 뒤늦게 나타난 한뚱은 정리가 잘 되어가던 내 머릿속을 한순간에 흩뜨려놓았다.

"전각을 배우러 라싸로 많이 갑니다. 저도 그곳 스님한테 5년간 전수를 받았고요. 물론 중간에 포기하고 싶을 때도 많았습니다. 이른 새벽부터 잠자리에 들 때까지 스님들과 똑같은 생활을 해야 했죠."

"그래도 잘 견뎠나 보네?"

"한날 스님께서 뜻밖의 이야기를 들려주시지 않겠습니까. 재주를 부리는 손과 진심을 담는 손에 대해서 말이죠. 그때 번쩍 정신이 났습니다. 재주를 배우려는 손은 이삼 년이면 충분하지만, 전각에 진심을 담으려면 최소 5년은 걸린다고 하더군요."

호주머니에서 휴대전화를 꺼낸 한뚱이 라싸에서 찍은 사진들을 한 장 한 장 보여주었다. 대부분 자신이 직접 작업한 전각들이었다. 순간 마음이 숙연해지는 걸 느꼈다. 글을 쓰는 사람과 글을 새기는 사람. 생각이 거기에 다다르자 입을 함부로 놀릴 수가 없었다.

자신의 나이를 서른한 살이라고 밝힌 한뚱은 생각보다 당찬 꿈을 간직하고 있었다.

"남방에 비하면 북방은 전각의 개척지(불모지)라고 할 수 있습니다. 제가 고향을 떠나 하얼빈을 선택한 것도 바로 그 때문이라고 할 수 있고요. 꿈과 미래로 치면 하얼빈은 성공할 확률이 매우 높은 곳입니다."

그렇지만 한뚱은 북방 여자와는 절대 결혼하지 않을 거라며 선을 그었다. 북방 여자들은 성격이 거칠고(사납고) 남자 알기를 우습게 안다면서 양뿌장을 쳐다보았다.


숙박시설까지 갖춘 중화 바로크를 좀 더 둘러본 뒤 입구로 나와 길을 건넜다. 베이산차이시장 안으로 들어서는 순간, 조금 전에 보았고 방금 들었던 이야기들이 썰물처럼 빠져나가 버렸다. 겨우 차도 하나를 건너왔을 뿐인데도 양쪽의 모습은 천양지차였다. 잠깐 머물다 온 저곳이 화

사한 봄옷을 입고 있다면 이곳은 두꺼운 외투 차림이다.

마을 전체가 잿빛으로 물든 거리, 박철 시인의「세월」이 낡은 영사기의 필름처럼 감겨왔다.

> 아스팔트에서 조금만 굽어 들어가도
> 먼저 반기는 것은 폐가 한 채다
> 납작한 스레트 지붕 비스듬한 지게 작대기
> 올망졸망 장독대가 자유롭다
> 잡풀은 지천으로 뻗어 있고
> 문고리엔 한 시대의 소란이 있다

아! 나도 이곳에서 한 사흘쯤 지나면, 저렇듯 한 세기를 묵묵히 버텨온 폐허의 건물들과 함께 인생을 정리할 마지막 편지라도 한 통 써둬야 할 것 같다. 거리는 온통 늙은 것들 일색이다. 그렇지만 슬프지는 않다. 폐허의 건물들에서 안식을 앞둔, 마지막 숨소리가 들려온다.

골목으로 들어서자 저만큼에, 불빛이 새어 나오는 계단이 보였다. 사람이 살고 있다는 사실에 안도의 한숨이 절로 나왔다.

희미한 전등이 켜져 있는 비좁은 목조계단을 타고 올라서도 길은 끝나지 않는다. 좌측으로 연결된 길을 따라 들어가자, 그 길이 끝나는 지점에 빨래가 널려 있었다. 빨래는 소년의 것으로 보인다. 하지만 그뿐. 아무런 소리도 들려오지 않았다. 이미 너무 낡아버려 더는 버릴 것조차

없는, 한 번도 느껴보지 못한 그런 적막이 고여 있다.

하얼빈에서 교육 수준이 가장 낮은 지역이 다오와이구라고 어느 술 자리에서 들었다. 나는 그 말을 머릿속에서 말끔히 지워버렸다. 비슷한 시기에 생겨난 중앙대가가 상업성을 목적으로 용케도 살아남았다면 늙 은 거리는 하얼빈의 진짜 속살을 간직하고 있다. 언제 한번 이 늙은 거 리를 달뜨는 밤에 꼭 와보고 싶다. 그러면 보일 것도 같다. 달과 구름의 술래놀이가.

시장은 시장일 수밖에 없었다. 베이산차이시장은 팔려는 사람과 사려 는 사람들로 북새통을 이뤘다. 며칠 전에 다녀온 새벽시장이 생각났다.

매일 새벽 장이 열리는 퉁쟝지에 난전은 찾아가는 길도 어렵지 않다. 7시경 숙소에서 나와 몇 걸음 걷다 보면 손에 보자기를 든 사람들을 쉽게 만날 수 있는데, 그들의 뒤를 졸졸 따라가면 된다. 식전에 맛볼 수 있는 군고구마, 한국의 왕만두와 생김새가 비슷한 빠오즈(包子), 밀가루를 발효시켜 찐 만터우(饅頭), 꽃처럼 생겼다고 해서 꽃빵이라 부르기도 하는 화쥐안(花捲), 식용유로 튀긴 유타오(油條)……. 나는 주로 아침을 갓 튀긴 유타오와 따끈따끈한 콩물 한 잔으로 해결했다. 아담한 면적의 베이산차이시장도 한족들의 주식인 빵집이 제일 붐볐다.

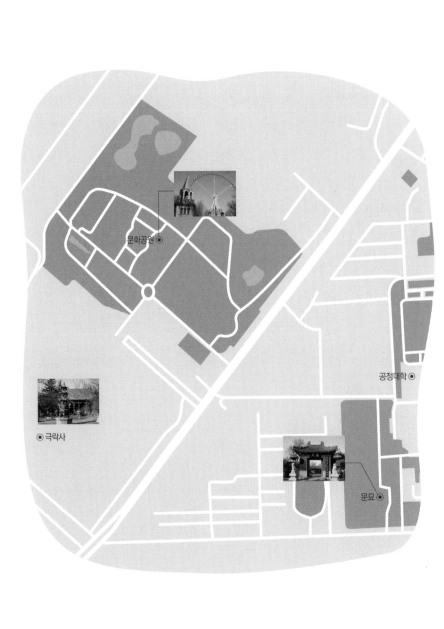

문화공원 ◉

극락사 ◉

공정대학 ◉

문묘 ◉

# 공자 왈 맹자 왈

베이산차이시장 입구에 대여섯 대의 콩콩차들이 보였다. 콩콩거리며 달린다고 해서 그리들 부르는데, 사람도 태우고 짐도 싣는 전동삼륜차는 서민들의 최고 교통수단이다.

붉은색 콩콩차를 향해 손짓하자 부리나케 몰려들었다. 사전에 입이라도 맞춘 듯 세 명의 기사가 극락사까지 20위안을 요구했다. 하얼빈의 택시 기본료(8위안)를 감안하더라도 상당히 높은 액수다. 듣고도 못들은 척 짐짓 딴청을 피울 때였다. "스우"를 외친 사람은 셋 중에서 나이가 제일 젊은 기사였다. 그렇지만 이번에도 내 쪽에서 아무런 반응을 보이지 않자 이제 남은 기사는 한 명뿐. 모 아니면 도가 될 확률이 높은 막판 흥정은 의외로 싱겁게 끝났다. 스이, 12위안으로 선을 긋자 나이 든 기사도 툴툴툴, 시동을 걸었다.

오늘은 콩콩차가 아스팔트 위를 얌전하게 달려 웃을 일도 없지만 량수(涼水)에서는 엉덩이에 불이 난 줄 알았다. 아마도 할머니가 곁에 계셨다면 이리 말하였을지도 모른다. 총각은 불알 떨어지고 처녀는 젖통

떨어지고 아낙은 공알이 다 빠졌을 거라고. 가는 날이 장날이라고 콩콩차를 처음 탔던 날 비포장도로를 만날 게 뭐람. 판자때기 한 장이 좌석의 전부인 비포장도로에서 엉덩이가 겪은 수난을 생각하면 지금도 웃음이 절로 나온다.

난강구 동대직가(東大直街)에 자리한 극락사(極樂寺)까지는 콩콩차로 십분 남짓 거리였다. 입장권을 예매하려는데 조금 전과 똑같은 일이 벌어졌다. 콩콩차를 탈 때처럼 사람들이 무더기로 내 주위를 에워쌌다. 순간, 등골이 오싹했다. 나를 에워싼 사람들은 누더기차림에 손목마저 모두 잘린 채였다. 아이러니하게도 그들은 극락사 입구에 집중적으로 모여 있었다.

중국에도 종교가 있을까? 중국 헌법 36조는 '종교 활동의 자유를 보장한다'고 되어 있다. 그렇다면 현실은 어떠한가? 중국에서 종교가 사라진 건 1966년, 문화대혁명이 그 원인이었다. 그해 여름 톈안먼 광장을 열광의 도가니로 몰아넣었던 4구(四舊, 낡은 사상·문화·풍속·습관) 타파 행렬은 중국 전역에 걸쳐 극심한 파괴를 불러왔다. 중국 헌법에 명시된 종교 활동의 자유와 보장도 쇼윈도의 마네킹 정도일 뿐이다.

만주에서 절을 만나는 일은 쉽지 않다. 그나마 조금 알려진 절이라고 해야 창춘의 반약사, 선양의 자인사, 하얼빈의 극락사 정도다. 1924년 중국 천태종 담허법사가 건립한 극락사의 특징은 다양한 모양의 다층탑을 볼 수 있다는 것인데, 이는 중국에 불교가 전파될 때 전(殿)보다는

탑(塔)을 중심으로 가람(배치)이 이뤄졌음을 엿볼 수 있는 대목이기도 하다. 극락사에는 대여섯 개의 다층탑이 자리를 지키고 있었다. 겨울철인데도 경내는 불자들로 붐벼서 향불로 코끝이 매캐할 정도였다.

극락사에서 문화공원을 지나, 공정대학(工程大學)으로 이어지는 길은 주변이 한가로워 좋았다. 머잖아 산 너머 조붓한 오솔길에 하얀 새 옷 입고 분홍신 갈아 신은 봄이 곧 찾아올 것만 같았다. 공정대학 입구에 문묘(文廟)를 알리는 표지판이 보였다.

문묘를 일컬어 공자의 신위를 모신 사당이라는 것은 알고 있었지만 직접 보기는 처음이었다. 1929년에 건축한

하얼빈 문묘는 공자상(像)을 병풍처럼 둘러싼 일곱 그루의 유송이 많은 생각을 키웠다. 퍼내고, 또 퍼내도 마르지 않는 샘처럼 배움에는 끝이 없음을, 사시사철 푸른 유송이 말해주는 듯했다. 또한 그것은 내가 꿈꿔온 여행의 목적과도 잘 맞아떨어졌다. 부족한 공부 더 하고, 사람들 만나 이런저런 이야기 듣고……. 문화대혁명 시절 소피아성당과 함께 살아남은 것도 장해 보였다.

공자상을 바라보고 있으려니 오전에 만난 양뿌장의 일침이 따끔한 회초리로 다가왔다.

"나쁘게 보면 중국은 역사적으로 낭비가 매우 심한 국가라고 할 수 있다. 다 없앴다가 다시 복원하는 일이 비일비재하다. 그 대표적인 사례가 문화혁명인데, 중화의 뿌리이자 인민들의 스승이었던 공자 사상이 그때 다 무너졌다. 당연히 손실도 컸다. 사상만 존재하고 지식이 없는 세월을 20년 넘게 살았으니 인민들의 도덕적 수준이 어떠했겠나. 오늘날 중국이 그래서 문맹국 소리를 듣고 짝퉁 소리를 듣는 것이다."

공자를 처음 내게 알려준 사람은 답십리 둘째 이모였다. 누군가 잘난 체를 하거나 있는 척을 할 때면 둘째 이모는 흥! 선빵으로 멋지게 콧방귀부터 한 방 날린 뒤 '공자 왈 맹자 왈'로 공격태세를 갖췄는데, 어린 내가 듣기에도 그 어록들이 꽤 쓸만해 보였다. 흥, 잘난 체하려거든 『논어』나 한번 읽어보고 떠들어라. 쳇, 있는 척하려거든 그 돈으로 공자님 똥구녕이나 닦아줘라. 염병, 너같이 이익에만 눈 먼 소인배가 어찌 공자님의 깊은 뜻을 알겠느냐. 지랄, 닭 잡는 놈이 소 잡을 때 쓰는 칼 들고 설친다더니 니놈이 꼭 그 짝이구나.

바늘 가는 데 실 간다고 나도 이따금 둘째 이모의 어록들을 써먹곤 했다. 정말 화가 머리끝까지 날 때, 둘째 이모처럼 한바탕 퍼붓고 나면 사이다를 마신 것처럼 속이 시원히 내리는 것이다.

'흥, 잘난 체하려거든 짜샤, 『논어』라도 한 페이지 읽어보고 떠들어라, 짜샤!'

대성전 뒤편으로 문이 하나 보였다. 헤이룽장성 민족박물관으로 통하는 길이었다. 뜻밖에도 그곳에 극락사에서 잠깐 마주친 청년이 먼저 와 있었다. 반가운 마음에 우리는 인사를 다시 나눴다.

안후이성(安徽省)에서 왔다는 꿍리(龔禮)의 여행기는 들을수록 신선했다. 작달막한 체구에 얼굴이 똥글똥글한 스물네 살의 청년은 오직 빙등제를 보려고 사흘 동안 기차만 탔다면서도 연신 미소를 잃지 않았다.

"하얼빈 빙등제는 대학교 입학 때부터 꿈이었습니다. 이번에도 기회를 놓치면 정말 어려워질 것 같아서 용기를 냈는데, 너무 행복한 시간이었습니다. 하얼빈에서 보낸 2박 3일은 가장 춥고 가장 황홀한 순간들이었으니까요."

졸업을 앞둔 꿍리와 함께 민족박물관을 둘러보았다. 자작나무로 만든 요람에 눈길이 갔다. 헤이룽장성 일대에 현재도 허저족(赫哲族)과 어룬춘족(鄂倫春族)이 꽤 남아 있는데, 수렵생활로 이동이 잦은 어룬춘족의 것으로 보였다. 집에서 사용하는 요람은 자작나무로 만들었고, 말을 타고 이동 중일 때 사용한 요람은 자작나무 껍질로 짠 것이었다. 크기도 나무로 짠 요람보다 껍질로 짠 요람이 삼분의 일가량 작아 보였다.

56개 소수민족 중에서 중국의 한족(漢族)이 차지하는 비율만 94퍼센트. 레비야 카디르의 『하늘을 흔드는 사람』을 접한 나는 심한 충격에 빠져들었다.

"독일 영토의 네 배나 되는 동투르키스탄, 위구르족은 항상 쫓기고 고문당하고 살해당했다. 1949년 여름 마오쩌둥이 이끄는 공산당이 신장(新疆)을 점령했고, 1953년 3월 마오쩌둥은 신장 내 사회주의 확장을 위해 한족을 신장으로 대량 이주시켰다."

한때 중국에서 최고의 갑부 소리를 듣던 레비야 카디르의 이야기는

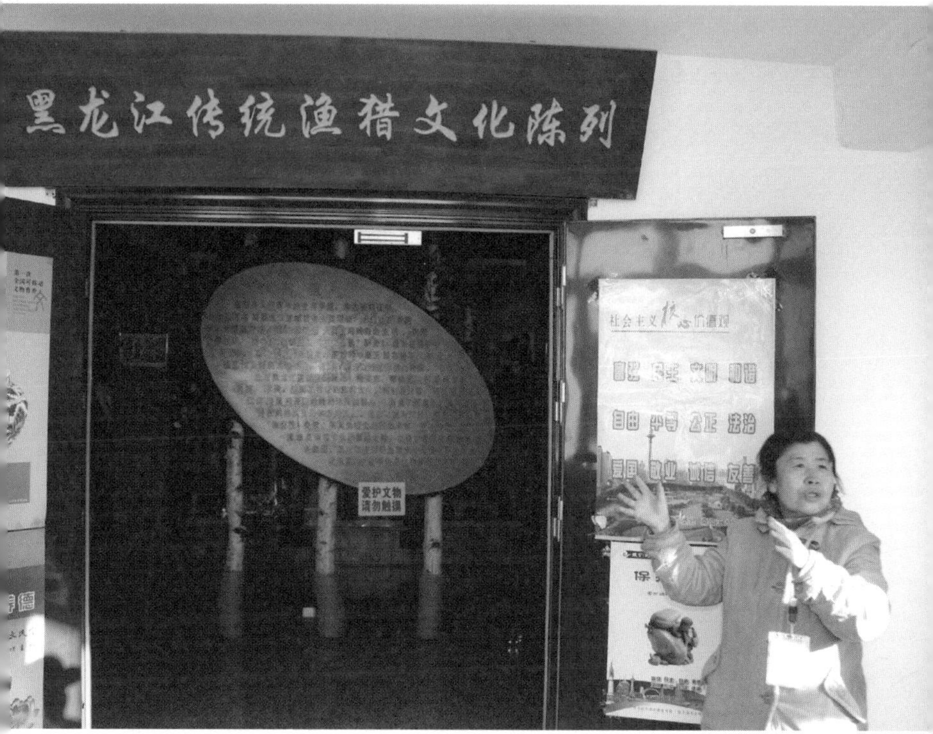
黑龙江传统渔猎文化陈列
爱护文物
请勿触摸
社会主义核心价值观
自由 平等 公正 法治
爱国 敬业 诚信 友善

계속되었다.

"음악 없이는 살 수 없는 위구르인들, 나는 위구르족의 어머니가 되어 내 눈꺼풀로 당신이 건널 수 있는 다리를 만들리라. 고통을 멎게 하는 치료제가 되고, 눈물을 닦아주는 손수건이 될 것이며, 비바람을 막아줄 우산이 될 것이다. 알라신이여, 우리를 도와주시옵소서. 우리 민족에게 용기와 힘을 주시고, 우리가 고요와 행복을 다시 찾을 수 있도록 도와주시옵소서."

'우리 민족', 무슨 뜻이었을까? 그 말은 저항의 몸짓이자 간절한 눈물의 호소는 아니었을까? 저들과 우리는 결코 하나가 될 수 없다는. 기차를 타러 나갔다 하얼빈역에서 간간이 마주치는 여타의 소수민족들은 그래서 더욱 가슴이 먹먹할 때가 많았다.

머리가 희끗희끗한 민족박물관 직원은 작별인사에 앞서 두 가지를 알려주었다. 하나는 공정대학교가 개최하는 소수민족 한마당 잔치였고, 다른 하나는 매년 9월 28일에 열리는 공자 탄생 기념제였다. 후난성(湖南省) 창사(長沙)에 있는 문묘 다음으로 규모가 큰 것이 하얼빈의 문묘라며, 가을에 꼭 다시 만나자고 했다.

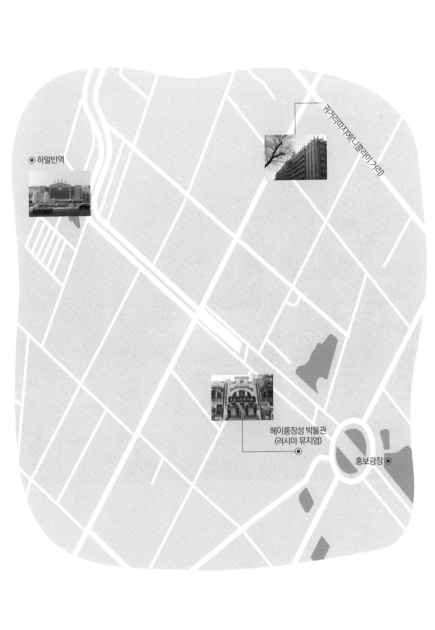

◉ 하얼빈역

궈거리따쟈에(니콜라이 거리)

헤이룽장성 박물관
(러시아 뮤지엄)
◉

홍보광장 ◉

# 니콜라이와
# 카투사

하얼빈에는 중앙대가 외에도 러시아 거리가 한 곳 더 있다. 하얼빈 사람들은 난강구에 있는 궈거리따지에(果戈里大街)를 니콜라이 거리라 부르기도 하는데, 이는 러시아 출신의 소설가를 기리는 명명이다.

1872년, 지금의 우크라이나 공화국에서 태어난 니콜라이 바이코프는 소설가이자 풍운아였다. 니콜라이가 하얼빈과 첫 인연을 맺은 건 사관학교 졸업 후, 동청철도 수비대로 복무하면서였다. 하지만 그에게 러시아 혁명은 다시는 자신의 조국으로 돌아갈 수 없는 운명의 불씨가 되었다. 적군(赤軍)의 승리로 망명길에 오른 그는 터키로 인도로 이집트로 정처 없이 떠돌아다녀야 했던 것이다.

만주를 일본이 지배하던 무렵 니콜라이는 하얼빈을 다시 찾았다. 하얼빈, 닝안(寧安), 하이린(海林) 등지를 돌며 소설창작에 천착한 그는 마침내『위대한 왕』을 완성했다. 그중 내가 잠시 눈여겨본 지역은 소설에도 등장하는 닝안이었다. 동해로부터 700리 떨어진 닝안의 옛 지명은 영고탑(寧古塔, 고조선 도읍지)으로, 발해 시대에는 상경 용천부가 설치됐던 곳이다.

니콜라이도 혹 그 점을 알고 있었던 건 아닐까? 그럴 만한 개연성은 충분해 보였다. 『위대한 왕』에 등장하는 호랑이가 바로 조선을 상징하는 주인공이었던 것이다. 더욱이 닝안에서 가까운 하이린은 두만강 국경 도시인 투먼(圖們)까지 철로가 연결돼 있어 조선인들의 왕래가 매우 잦았다. 그렇지만 니콜라이는 불행히도 또 한 번 먼 길을 떠나야만 했다. 태평양전쟁이 발발하자 이번에는 일본으로 건너갔고, 1958년 그는 오스트레일리아에서 자신의 파란 많은 여정을 마쳤다.

호랑이의 일대기를 다룬 『위대한 왕』은 무엇보다도 작가의 동선이 흥미로웠다. 니콜라이는 만주의 원시림 타이가(유라시아 대륙과 북아메리카 대륙에서 동서 방향으로 펼쳐져 있는 침엽수림)에서 서식하는 수컷 호랑이의 사랑과 절망, 인간의 손(빛)이 뻗쳐올 무렵 타이가를 떠난 호랑이가 정처 없이 유랑(방황)하는 모습을 그려내는데, 마치 그 동선이 한 러시아 출신의 작가와 조선인 이민자들의 지난 여정을 다시 보는 것 같았다. 만주(하얼빈)에서만 20여 년을 지낸 작가답게 니콜라이는 소설의 동선도 유유자적, 빈틈없이 채워나갔다.

귀거리따지에는 중앙대가와 다오와이구의 늙은 거리를 반반 섞어놓은 듯했다. 근대와 현대가 잘 어우러져 보였다. 또 사람이나 길이나 거울 앞에서는 잘 보이지 않는 그 너머의 세계가 있게 마련이듯, 니콜라

이 거리도 큰길에서 좁은 길로 들어서자 눈에 보이는 것들이 더 많아
졌다. 천(川)을 주변으로 형성된 유럽풍 카페들이 중앙대가보다 더 멋스
러워 보였다.

사람의 나이로 오십 대 초반쯤 될까? 계절은 짙은 갈색이 더 잘 어울
리는 늦가을을 닮았고. 내가 그려본 하얼빈의 밤 풍경이다. 니콜라이
거리에서 꺼신지에(革新街)를 따라 걷다 보면 홍보광창(紅博廣場)과 마주치
는데, 그 주변들이 밤 풍경으로 아름다운 곳이다. 헤이룽장성 박물관은
광장 교차로 부근에 있었다.

거짓말 같지만, 1904년에 건축한 헤이룽장성 박물관에는 이효석이
아깝다고 혀를 찼던 차이콥스키와 라흐마니노프의 곡이 흐른다. 사람

들이 즐겨 찾는 곳도 2층에 있는 러시아 뮤지엄(Russian museum)이다. 소
피아성당의 자료실이 너무 빽빽해 이맛살을 찌푸리게 했다면 헤이룽장
성 박물관에 있는 러시아 뮤지엄은 심플하고 쾌적했다. 열 장 볼 것을
두세 장만 보아도 한눈에 읽혔다.

〈백조의 호수〉가 귓전에서 멀어져갈 즈음, 〈백조의 호수〉보다 더 귀
에 익은 노래가 흘러나왔다.

사과꽃 배꽃이 피었지 구름은 강 위를 흘러가네

카투사는 강기슭으로 나와 높고 강파른 강둑을 걸어가네

오! 노래야 처녀의 노래야 저 빛나는 해를 따라 날아가

## 머나먼 국경의 병사에게 카투사의 인사를 전해다오

한국의 〈카투사〉는 마음대로 사랑하고 마음대로 떠나버려 '양키'소리를 듣지만 러시아의 〈카투사〉는 애틋한 여운을 남긴다. 돌아오겠다는 약속과 기다리겠다는 약속이 절절하게 묻어났다. 러시아 뮤지엄은 또 하얼빈을 음악의 도시로 바꿔놓은 각종 자료와 악기들로 보는 즐거움을 더해주었다.

상쾌한 기분으로 박물관에서 나오자 오른편에 해방기념탑이 보였다. 1945년 8월, 일본에 빼앗긴 하얼빈을 되찾은 건 러시아군이었다. 러일전쟁 때부터 자신들의 군사작전기지로 사용했던 하얼빈을 15년 만에 되찾은 러시아군은 위수사령부를 설치했다. 중국군부터 통제한 후, 예전처럼 다롄항과 동청철도를 양국이 공동으로 운영할 계획이었다. 그러나 러시아의 숨은 계획은 '만주의 주권은 중국이 보유한다'는 얄타협정에 따라 끝내 성사되지 못했다. 누구보다 러시아군의 철수를 학수고대하고 있던 공산당이 움직였다. 중국공산당 계열의 동북민주연군과 조선의용군 3지대는 1946년 4월 28일, 국민당의 중앙군마저 몰아낸 뒤 마침내 하얼빈을 탈환했다.

ВЕЧНАЯ СЛАВА ГЕРОЯМ,
ПАВШИМ В БОЯХ
ЗА СВОБОДУ И НЕЗАВИСИМОСТЬ
СОЮЗА СОВЕТСКИХ
СОЦИАЛИСТИЧЕСКИХ РЕСПУБЛИК

为中国的自由与独立 在解放东北
战斗中牺牲的苏军英雄们永垂不朽
一九五〇年九月

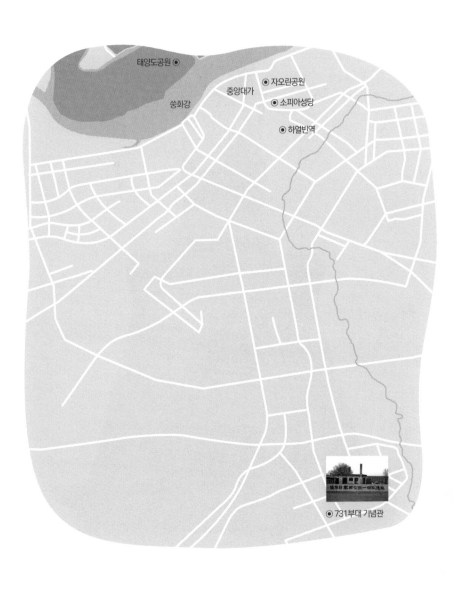

태양도공원 ◉

쏭화강                중앙대가        자오린공원 ◉

                                ◉ 소피아성당

                                ◉ 하얼빈역

                                    ◉ 731부대 기념관

# 543 162 643 731

하얼빈 시가지를 벗어난 115번 버스가 핑팡구(平房區)로 들어서자 시야가 확 트였다. 그동안 내린 눈이 들판에 하얗게 쌓여 있었다. 731부대를 가려면 내릴 때 추가로 1위안을 더 내야 하는데, 이것은 시내버스가 시 경계를 벗어났다는 뜻이기도 하다.

"생체실험, 세균실험, 사육장, 가스실, 위령패, 어두운 실내, 화장터……. 731부대는 하얼빈에서 가장 우울한 곳입니다."

731부대 기념관에서 근무하는 임화 씨가 들려준 말이다.

임화 씨를 처음 봤던 2007년 여름, 나는 그녀의 이름 때문에 더욱 끌렸다. 시인을 꿈꾸던 문청 시절, 목포 시립도서관에서 우연히 발견한 임화의 시는 적잖은 충격을 안겨주었다. 1980년대만 하더라도 월북 시인의 시는 사회적으로 금기시됐던 것이다. 행여 누가 볼 새라 주위부터 살핀 나는 임화의 시 「현해탄」과 「네거리의 순이」를 재빨리 노트에 옮겨 적었다. 도일(渡日)은 3년 뒤 거처를 부산으로 옮기면서 이뤄졌다. 그만 「현해탄」에 꽂혀버린 난 부산에서 시모노세키로 떠나는 국제여

객선에 몸을 실었다. 문단 말석에 가까스로 이름 석 자를 올린, 어느 가을날의 일이었다.

만주에 첫 일본군 세균부대가 등장한 것은 1933년 8월이었다. 하얼빈시 난강구에 '이시이부대(石井部隊)'를 비밀리에 창설한 일본군은 5년 뒤인 1938년 지금의 핑팡구 자리로 이전을 하는데, 그때 개칭된 부대명이 '만주 731부대'다. 그 후 일본군은 하이라얼 543, 린커우(林口) 162, 무단장 634 등 지부에 해당하는 기동부대 증설에도 박차를 가했다.

주로 생물학전(戰)을 담당했던 이시이 시로(石井四郎, 731부대 사령관) 부대는 동물, 식물, 인체, 동상, 독가스, 화력 등 실험도 다양한 방법으로 진행되었다. 동물은 쥐와 말, 다람쥐 등을 사용했으며, 1kg의 페스트균을 생산하려면 1,000마리 이상의 쥐가 필요했다.

심한 충격을 받았을 때 우리는 '뒤집힌다'는 표현을 종종 쓰곤 한다. 만주로 함께 여행을 떠난 학생들을 통해 몇 차례 그 같은 모습을 보기도 했다. 일본의 한 증언자가 남긴 731부대의 진상을 들려줄 때면 학생들은 일제히 치를 떨었다.

"1940년 겨울 우리는 연구실의 작은 창문을 통해 추운 겨울날 실험을 받고 있는 사람들을 볼 수 있었다. 요시무라 히사도(吉村壽人, 731부대 동상 연구반 반장) 박사는 6명의 중국인에게 일정한 무게의 짐을 지고 일정한 시간 동안 일정한 거리를 왕복하게 하였다. 아무리 추워도 여름옷만 입게 하였다. 이 사람들은 점점 약해지고 동상이 심해지면서 조금씩 줄

어들었다. 12월이 되자 하나도 보이지 않았다. 아마 모두 죽은 것 같았다."

그뿐만 아니라 학생들은 산 사람을 냉동실에 집어넣은 다음, 냉동되어 가는 과정을 몽둥이로 두드려 딱 딱 소리가 나면, 다른 실험실로 옮겨갔다는 부분에서 이런 반응도 보였다.

"차라리 총으로 쏴 죽였으면 고통이 훨씬 덜했을 거."

그렇다면 일본군은 3,000여 명의 실험 대상자들을 어떤 경로를 통해 731부대로 데려온 것일까?

첫 번째 대상자는 중일전쟁에서 포로로 잡은 중국군과 일제에 맞서 싸우다 체포된 항일투사들이었다. 도시와 농촌에서 체포된 그들은 군용열차 편으로 압송되었다. 두 번째는 하얼빈 시내와 인근 교외에서 체포한 러시아군(정보원)과 벨라루스인, 그 가족들이었다. 그리고 세 번째는 난민수용소에 감금되어 있던 일반 중국인들이었다. 그들 중에는 더 좋은 시설로 옮겨준다는 말에 속아 영문도 모른 채 잡혀 온 사람들이 많았다. 끝으로 일본군은 '골목수색'을 통해 부족한 수를 채우기도 하였는데, 그 속에는 미처 피하지 못한 노약자와 부녀자, 어린아이들도 있었다.

731부대에서는 그들을 '나무'라 불렀다. 사람들의 숫자를 셀 때도 '뿌리'로 계산했다. 이는 실험할 재료를 가리킬 때 사용하는 그들만의 은어로, '마루타(まるた)'라는 말은 거기서 생겨났다. 731부대에서 그들은 더 이상 인간이 될 수 없었다. 한갓 통나무일 뿐이었다.

731부대 안에는 특설감방이 따로 있었다. 그곳에 갇힌 조선인들을 '지또시'또는 '지또가'라 불렀는데, 소련군 첩자라는 뜻이었다. 심득룡,(소련 공산당 첩보원), 이청천(독립운동가), 고창률(소련 공산당 첩보원) 등 6명이 그들이었다. 심득룡은 다롄에서, 이청천은 하이라얼에서, 고창률은 훈춘(琿春)에서 붙잡혀 731부대로 이송되었다.

그러나 문제는 히로시마와 나가사키에 원자폭탄을 투여한 미국의 어정쩡한 태도였다. 극동국제군사재판(제2차 세계대전과 관련된 동아시아의 전쟁 범죄인을 심판한 재판)에서 일본군의 생체실험 관련 문제가 언급되었지만, 미국은 기대 이하의 행동을 보여주었다. 일본군이 세균실험을 통해 얻은 자료들을 미국에는 제공하고 러시아에는 넘겨주지 않는다는 조건으로 재판이 흐지부지 끝나고 만 것이다.

1991년 여름 나가사키(長崎)에 사는 하야시 에이다이(재일동포, 논픽션 작가) 씨 집에서 머물 때였다. 평생을 조선인 강제징용 문제를 집중적으로 파헤쳐온 하야시 씨가 한 일본인 여성의 인터뷰 기사를 보여주었다. 이시이 시로의 딸 이시히 하루미(石井春海)의 인터뷰는 상당히 도전적이었다.

"내가 알기로는 거래를 한 것임이 확실했다. 하지만 이것은 미국 측에서 아버지(이시이 시로)를 찾은 것이지, 절대 아버지가 먼저 찾아간 것은 아니다. 내가 강조하고 싶은 것은 아버지의 부하들은 그 누구도 전범(戰犯)으로서 재판을 받지 않았다는 것인데, 이것이 과연 중요하지 않단 말인가?"

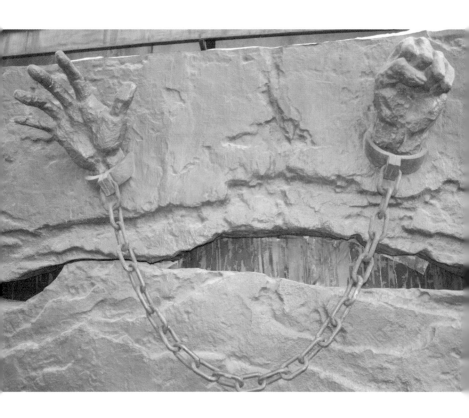

731부대 야외 전시관 입구 외벽에는 쇠사슬에 묶인 네 개의 손이 있다. 그 상징물을 볼 때마다 나는 많은 생각을 하곤 했다. 저 벽 안에서 무슨 일이 벌어졌던 것일까? 네 개의 손이 차마 비명조차 지를 수 없어 절규로 다가왔다. 그런데 어느 날부턴가 그 손들이 그게 아니라며, 당신이 잘못 보았다며 내 오류를 지적하고 나섰다. 두 주먹을 불끈 움켜쥔 상징물은 후사지사(後事之師)가 맞지만, 왼손만 움켜쥔 채 오른손은 펴고 있는 다른 한쪽은 상반된 모습이었다.

"대부분의 관람객들이 눈요기쯤으로 여기는 것을 용케도 지켜보셨군요. 네 개의 손에는 과거와 미래가 담겨 있지요."

임화 씨가 소개한 김성민 관장은 소설가 한수산을 보는 듯했다. 차를 마시던 중 그는 몇몇 일본인들이 세운 사죄평화비(謝罪平和碑)에 대해서도 다소곳이 입을 열었다.

"지난 것은 바로잡기 위함이고, 그 실체가 이미 밝혀진 사건은 앞으로 두 번 다시 되풀이되지 않도록 평화를 구축하는 일 아닐까요? 731부대(기념관)의 근본 원인도 바로 거기에 있다고 할 수 있을 테니까 말이죠."

그러면서 김성민 관장이 보여줄 게 있다며 자리에서 일어났다. 그만 나는 말문을 잃어버렸다. 731부대에 이런 전시관이 있다는 게 믿어지지 않았다. 김성민 관장이 나를 데려간 곳은 일반인들에게 공개되지 않은 모성애기념관이었다.

"중국 홍십자(적십자)와 공동으로 찾아낸 일본인들입니다. 패전 직후 일본도 바빴던지, 자국민들을 중국에 버려둔 채 떠났지 뭡니까. 그들을 중국인들이 인도적 차원에서 돌봐온 겁니다."

"중국에서는 그게 가능했던 모양이죠?"

"어쩌겠습니까, 중국에 버려진 일본인들 중 힘없는 여성과 아이들이 대부분이었던 것을. 그를 보다 못한 중국인들이 양자로 삼고 양녀로 삼아 식구처럼 지내온 겁니다."

"일본인들의 반응이 궁금하군요. 본국으로 보내달라는 사람들도 있었을 것 같은데……."

"그게 말이죠, 세 부류로 나타나더군요. 중국 국적을 취득해 귀화한 사람과 일본으로 돌아간 사람, 그리고 일본에서 적응하지 못하고 중국으로 다시 돌아온 사람……. 조금 전 차를 마시면서도 말했지만, 전쟁도 인간이 일으킨 것이고 평화공존도 인간이 해결해야 할 과제라면 이제부터는 후자를 먼저 생각해야지 않을까요? 평화야말로 인류가 마지막으로 닿을 종착역이 아닙니까!"

임화 씨가 들려준 이야기에 따르면 김성민 관장은 중국의 많은 학자들이 애타게 찾던 '특별이송(일본어 원본 자료)' 문서를 본인이 직접 찾아냄으로써 731부대 연구에 적잖은 영향을 미쳤다고 한다. 특별이송 문건이 발견되면서 일본 정부의 거짓 주장은 물론이고, 731부대의 세균전 실체를 밝혀내는 결정적인 증거물이 되었던 것이다.

양고기 전문 요릿집치고는 실내가 제법 깔끔했다. 임화 씨가 음식을

주문하는 동안 나는 사진부터 몇 장 찍어두었다.

"십 년 넘었죠?"

731에서만 13년째인데, 저도 잘 모르겠어요. 그동안 어떻게 버텼는지……."

쥐 사육장, 벼룩 배양실, 동상실험장, 화장터 등이 있는 야외 전시관을 둘러볼 때 안내를 맡은 류찐징(劉金晶) 씨가 이런 말을 했다. 어둡고 칙칙한 내용을 하루에도 수십 차례 반복하다 보면 자신이 무슨 말을 하고 있는지조차 잊어버릴 때가 많다고. 그만큼 731부대 기념관은 직원들의 이직률이 상당히 높은 편이었다.

맥주를 음미하듯 한 모금 삼킨 임화 씨가 다시 입을 열었다.

"진짜 힘은 기쁨보다 슬픔에서 나오는 거 아닐까요? 비정규직으로 입사해 지금의 자리(부주임)에 오른 것도 그 힘을 믿었기에 가능하지 않았나 싶습니다."

사실 임화 씨는 대학에서 영문학을 전공했다. 졸업을 앞두고 731부대 기념관에서 조선어 경력자를 우대한다는 말에 입사원서를 제출한 게 인연이 되었다. 나름의 갈등도 적지 않았다. 다니던 직장을 그만둔 채 동기들이 한국으로 떠나갈 때면 자신은 왠지 바보 같다는 생각도 들었다.

"솔직히 저도 짐을 싸긴 쌌더랬습니다. 그

런데 그때마다 조선어를 할 줄 아는 직원이 안 나타나지 뭐예요. 그렇게 기회를 몇 번 놓치면서 731부대에 갇히게 된 겁니다."

점심을 먹던 중 유심히 지켜본 건 임화 씨의 고른 말투였다. 여타 지역의 조선족들을 보더라도 하얼빈은 상당한 차이를 보였다. 만주를 드나들던 초창기에 '저거이 아이문 단물 날 데가 없지비'를 이해하지 못해 얼마나 당혹스러웠던가. 다시 옮기면 그 말은 꿀보다 벌을 먼저 보라는 뜻이었다. '벌이 아니었으면 꿀이 나올 수가 없지 뭐.'

"저도 대학교 때 교수님을 통해 들었던 얘기라 확실치는 않지만, 동북 지역에서 유일하게 러시아어를 사용한 도시가 하얼빈이었잖습니까. 그로 인해 러시아인들이 조선인을 통역사로 쓸 정도로 나름 인기도 높았고요."

동청철도 개설을 앞두고 하얼빈은 러시아어 붐이 일 정도로 학교들이 먼저 앞장을 섰다. 하얼빈에 최초로 설립된 동흥학교와 한인노동자학교가 그중 하나였다. 하얼빈에서 살아가려면 러시아말부터 배워야 한다면서 한글과 러시아어를 5 대 5로 가르쳤다.

"그리고 하나는, 보따리장사가 성행했던 곳도 하얼빈이라고 들었습니다. 우리 엄마도 그중 한 사람이었지만……."

임화 씨의 어머니가 보따리장사를 했다는 소리는 금시초문이었다. 하지만 곧 이해가 되었다. 러시아산 제품들이 하얼빈에 대량으로 유입되면서 조선인들의 러시아행도 그만큼 잦아졌던 것이다. 지역 특성상 하얼빈은 쑤이펀허 쪽이 막히면 만저우리를 통해 들어가는, 두 곳의 국경을 동시에 쥐고 있었다.

이야기를 좀 더 들어보니 임화 씨의 어머니도 그 점을 잘 알고 있는 듯했다. 지금이야 자식들 가르치고 근근이 생활하는 정도지만, 하얼빈이 러시아의 조계지일 때만 해도 사정은 달랐다. 개중에는 보따리장사로 큰돈을 벌어 사업가로 변신한 사람도 있었다.

지난해 결혼한 임화 씨가 식당에서 나와 지나가는 차를 세웠다. 잘 아는 사람인가 했더니 새로운 사실을 알려주었다.

"선생님 그거 아세요. 핑팡구에는 택시가 없다는 거요?"

핑팡구에서 택시를 타본 적이 없어 입을 다물고 있을 때였다. 승용차 앞좌석을 차지한 임화 씨가 얄밉게 웃어 보였다.

"선생님, 그것도 아시죠? 택시비는 운전석 옆에 앉은 사람이 낸다는 거. 저도 이걸 독립기념관에 연수 교육받으러 갔다가 한국 직원들한테 배운 거거든요. 한국도 중국처럼 앞좌석을 차지한 사람이 요금을 낸다면서요?"

하지만 난 다른 생각을 하고 있었다. 택시가 따로 없는, 지나가는 아무 차나 대고 손을 흔들면 세워주는, 바쁜 출퇴근 시간에는 합승도 가능한, 몽골이 떠올랐다.

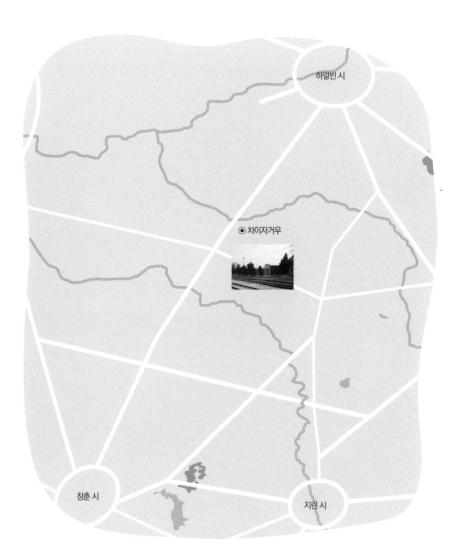

하얼빈 시

● 차이자거우

창춘 시

지린 시

# 차이자거우에서
# 기다린다

차이자거우(蔡家溝)라는 지명은 많이들 알고 있지만 정작 그곳을 가봤다는 사람은 없었다. 흑룡강성 어디라고 했다가, 길림성 어디쯤일 거라며 말끝을 흐렸다.

차이자거우에 조선족이 단 한 명도 살지 않는다는 소리를 들은 날이었다. 나중에 갚아도 되는 빚처럼 뒤로 밀려났던 차이자거우가 다시 수면 위로 떠올랐다. 약간의 도발성이 불을 붙인 셈이었다. 만주 땅 어디라도 조선족이 살지 않는 곳은 없다는 말을 귀가 닳도록 들어왔던 것이다. 하지만 웬걸! 13시 27분에 하얼빈을 떠나는 기차는 출발부터가 왠지 망설여지는 분위기였다.

싫든 좋든, 운명의 공동체처럼 여섯 명이 서로 얼굴을 맞대고 가야 하는 기차 여행. 군자의 표정이 살짝 굳어진 건 6명 정원의 좌석이 8명으로 불어난 탓이었다. 삼십 대 초반으로 보이는 부부가 어린 남매를 각각 무릎에 올려놓아 비좁은 좌석이 더 비좁게 느껴졌다. 뒤늦게 탑승

한 나로서는 14호차 116호석 표만 만지작거릴 뿐이었다.

강한 소음으로 귀가 좀 먹먹하긴 했지만 마음은 오히려 승강구가 더 편했다. 그리고 기차가 하얼빈을 벗어나면서 차창 밖 들녘을 온통 백색으로 수놓아 좌석에 대한 미련도 벌써 잊어버렸다. 한겨울의 만주 벌판은 그야말로 장관이었다. 꼬리를 문 채 끝없이 펼쳐지는 설원은 마치 시원을 보는 것 같아 풍경 속으로 푹 빠져들었다.

더저우(德州)행 기차가 잠시 머문 역은 2007년 하얼빈시로 편입된 쑹청(双城)이었다. 쑹청은 하얼빈과 창춘 중간에 있는 두 성(헤이룽장성, 지린성)의 요충지이자, 일본이 만주를 침략했을 때 첫 전투가 벌어졌던 곳이기도 하다.

1932년 8월 우여곡절 끝에 지청천(독립군 사령관)과 딩차오(丁超, 지린성 자위군 총지휘관)가 결성한 한중연합군은 친일부호와 고관대작들이 주로 사는 쑹청을 공격했다. 첫 전투에서 노획한 무기와 피복, 식량은 한중연합군 3만 명이 수개월을 버틸 수 있는 양이었다. 하지만 한중연합군은 다음 전투에서 패함으로써 쑹청을 다시 일본군 손에 내주고 말았다.

기차가 쑹청을 지나면서 행정 구역도 지린성 쑹위안시(扶余市)로 바뀌었다. 차이자거우역에는 14시 50분에 도착했다.

한패는 철길을 가로질러 동쪽으로, 나머지 승객들은 역무원 뒤를 따라 대합실 쪽으로 걸음을 옮겼다. 서너 걸음 뒤처진 상태에서 늑장을 피우던 난 역무원이 불어대는 호루라기 소리에 정신이 번쩍 났다. 개찰문 앞에서 나를 기다리고 있던 역무원은 우리에 양을 몰아넣듯 내 등

을 가볍게 떠밀더니 찰칵, 문을 잠가버렸다.

승객들이 빠져나간 대합실은 쥐 죽은 듯이 조용했다. 반달 모양의 매표구마저 이미 닫힌 뒤였다. 너무 갑작스러운 상황에 열차 시각표를 살피던 난 조금 전 역무원이 왜 그렇게도 화들짝 서둘렀는지, 이제야 그 속내를 알 것 같았다. 차이자거우역에 정차하는 기차는 더저우, 츠펑(赤峰, 지린성), 단둥, 다롄행 기차 네 편이 전부였다.


1909년 10월 24일.

안중근, 우덕순, 조도선은 차이자거우에 있었다. 안중근과 동갑인 우덕순은 블라디보스토크에서부터 함께한 사이였고, 세 살 많은 조도선은 당시 한민회 회장인 김성백의 소개로 하얼빈에서 이들과 합류했다. 러시아가 조차한 하얼빈은 러시아어를 할 줄 모르면 손에 돈을 쥐고도 차표 한 장 사기 힘들 정도로, 러시아 여성과 결혼한 조도선은 이번 거사에 꼭 필요한 인물이었다.

이토 히로부미가 오긴 온다는데, 그렇다면 거사를 어느 역에서 하는 게 좋을까? 관성자(寬城子, 지금의 창춘)가 좋을까, 아니면 차이자거우가 좋을까? 연해주를 무대로 활동한 안중근과 우덕순에게 만주는 낯선 곳이었다. 옌볜 지역에서 잠깐 머문 적은 있지만 하얼빈은 처음이었다. 거기에다 시간도 촉박할뿐더러, 가지고 있는 자금마저 여의치 못했다. 우선 두 사람은 관성자를 내려놓았다.

이제 남은 곳은 차이자거우와 하얼빈.

불과 어제까지만 해도 차이자거우역은 안중근이 맡고, 하얼빈역은 우덕순이 맡기로 돼 있었다. 그런데 순서가 곧 바뀌었다. 우덕순이 러시아어로 '차이자거우에서 기다린다'는 내용의 전문을 타전하자, 러시아에서 중국으로 건너올 때 쑤이펀허에서 합류한 유동하가 답문을 보내온 것이다. 저들이 내일 하얼빈으로 온다는. 서둘러 장소를 변경한 안중근은 차이자거우를 우덕순과 조도선에게 맡긴 뒤, 곧 하얼빈으로 떠났다.

만일을 대비해 조도순과 함께 차이자거우에 머물고 있던 우덕순은 블라디보스토크에서 나눈 안중근과의 약속을 되새겨 보았다. 첫째 이등박문(이토 히로부미)을 반드시 쏠 것. 둘째 이등박문을 쏜 다음 그 자리에서 '코레아 우라'를 세 번 외칠 것. 셋째 되도록 생포되어 대한제국의 억울한 사정을 외국에 알릴 것.

10월 26일, 미명이 채 걷히기 전이었다. 이토가 탄 특별열차는 차이자거우역에서 2분간 정차했다가 떠났다. 시간이 너무 촉박한 관계로 차이자거우에서의 거사는 실행되지 못했지만, 우덕순에게는 아직 지켜야 할 약속이 남아 있었다. 자신을 체포한 러시아 경비병으로부터 하얼빈 소식을 전해 들은 우덕순은 목이 터져라 "코레아 우라!"를 외쳤다.


재판관 : 차이자거우라는 역은 작은 역이었기 때문에 여인숙 같은 것은 없는 줄로 아는데 그날 밤을 어디에서 보냈나?

우덕순 : 정거장(역) 아래층이 음식점으로 되어 있어 그곳에서 쉬었다.

재판관 : 안(중근)이 하얼빈으로 떠난 뒤 그날 밤 조(도순)와는 무슨 이야기를 나눴나?

우덕순 : 고향을 떠나온 후 연해주 땅에서 고생한 이야기를 주로 나눴다.


연해주에 머물고 있던 안중근과 우덕순이 이토 히로부미의 소식을 들은 건 1909년 10월이었다. 오매불망 이토가 온다는 소식에 우덕순은 안중근을 바라보았다.

"어떻게 하겠는가?"

"가야지."

"어디로 말인가?"

"할빈으로 가야지."

우덕순의 공판 기록에서처럼 차이자거우역은 그때나 지금이나 별로 변한 게 없어 보였다. 한가한 여름날, 역사 마당을 지키고 있는 아름드리 수양버들 그늘에서 쉬어간다면 딱 좋을 듯싶었다.


버스를 타려면 부여까지 나가야 한다는 상점 주인의 말에 역 주변을 잠시 둘러보았다. 비구니절인 자운사는 입구부터 냉기가 돌았다. 스님들마저 출타했는지 반기는 거라곤 맵찬 바람이 전부였다.

역이 있는 곳으로 다시 나와 이번에는 큰길을 따라 걸었다. 흙먼지가 날리는 비포장도로였다. 삼사 분쯤 걸었을까. 노약자들이 오르기엔 좀

벅찰 것 같은 육교가 나타났다. 철길 위로 난 육교에 올라서자 차이자 거우진(鎭)이 한눈에 들어왔다. 철길을 사이로 차이자거우는 동과 서로 나뉘어 있었다. 키 낮은 단층집들이 뿌연 회색빛 매연을 뒤집어쓴 채 옹기종기 모여 있는 서쪽보다는 동쪽이 훨씬 더 규모가 커 보였다. 가 파른 육교 계단을 내려오다 말고 살짝 보폭을 줄였다. 육교 밑에서 여 자가 허연 엉덩이를 드러낸 채 일을 보고 있었다. 아무리 바쁜 길이라 도 저 시간만큼은 방해하고 싶지 않았다.

70호 남짓한 역 주변의 마을과 육교를 건너서 만난 마을은 소리부터 가 달랐다. 여기도 쿵쾅 저기도 쿵쾅, 도로변 상점들이 틀어놓은 음악 에 귀가 먹먹했다. 인도마저 울퉁불퉁 팬 곳이 많아 자칫 한눈을 팔았 다간 낭패를 볼 수도 있었다. 정작 손님은 없고 노랫소리만 소란한 거 리를 벗어날 즈음, 붉은 십자가가 눈에 들어왔다. 마지막 모든 것을 저 십자가에 맡겼던 하얼빈 거사, 들의 얼굴이 스쳐 갔다. 하늘이여 도와 주소서. 우리의 뜻 이루도록 하늘이여 지켜주소서. 동반도의 대제국을 내 원대로 구하소서.

묘은(墓恩), 교회 이름이 독특했다. 부활을 상징하는 교회로 들어섰을 때는 집을 잘못 찾아온 줄 알았다. 남성들은 흰 와이셔츠에 검은색 나 비넥타이를, 여성들은 무도복 차림으로 춤 연습이 한창이었다. 낯선 이 방인의 출현에 머리를 짧게 깎은 사십 대 초반의 남자가 다가왔다. 짱 융(張勇)의 소개로 교인들과 두루 인사를 나누고 나서, 짱융이 나를 마 을축제에 초대하고 싶다는 마음을 내비쳤다. 음력설을 앞두고 해마다 마을축제가 열리는데 오늘이 바로 그날이라고 했다.

마을회관에 차려진 공연 무대는 온통 붉은 물결로 출렁였다. 함께 일하고 함께 밥 먹고, 함께 학습하고 함께 춤추며 지낸 농업 집단화의 한 단면을 다시 보는 것 같았다. 전자 오르간, 드럼, 단소, 얼후 등 무대 오른편에 자리한 소규모 악단도 나름 구색은 다 갖춘 듯 보였다. 시간이 별로 없다는 게 흠이라면 흠이었다. 하얼빈으로 돌아갈 막차를 타려면 40분 전에는 일어나야 했다.

자신은 공연 준비를 해야 한다면서 짱융이 단발머리 여학생을 파트너로 붙여주었다. 부여시 제2실험학교 7학년에 재학 중인 짱짼씬(張健心)이라는 친구였다. 공연장 맨 앞줄에 앉은 우리는 서로 필담을 주고받았다. 어른들과 필담을 나눌 적엔 팔 할 이상이 흘림체여서 애를 먹었다면, 짼씬이는 나를 배려하여 또박또박 정자로 써주었다. 지금 연주되고 있는 곡을 물으면 步步高(보보고), 차이자거우의 인구를 물으면 4萬, 짼씬이도 노래를 좋아하느냐고 물으면 예스.

그렇게 짼씬이와 즐거운 한때를 보내고 있을 때였다. 하얼빈으로 돌아갈 기차 시각을 알아버린 짼씬이의 표정이 딱딱하게 굳어갔다. 차이자거우에도 좋은 빈관(賓館)이 있다며 짱융까지 나서서 붙들었지만 차마 그럴 수가 없었다. 오늘 받은 환대만으로도 차이자거우는 충분히 따뜻한 곳이었다.


짱융이 마련해준 승용차편으로 역에 도착한 난 기지개를 켜듯 하늘

을 올려보았다. 밤하늘을 수놓은 크고 작은 별들이 쏟아질 듯 내 눈 속으로 들어왔다. '별들은 오래된 불로 반짝이고 더 최근의 불은 곧 꺼질 거'라던, 릴케의 「오르페우스에게 부치는 소네트」 한 소절이 바람결에 스쳐 갔다.

저녁 7시, 차이자거우역 대합실은 여전히 고요했다. 기차를 기다리는 사람도 나 혼자뿐이었다. 탑승 시간이 가까워져 오자 역무원이 개찰문을 열면서, 안중근? 하고 물었다. 아니, 우덕순. 안중근이 가장 믿었던. 그리고 뤼순감옥에서 안중근을 마지막으로 떠나보냈던…….

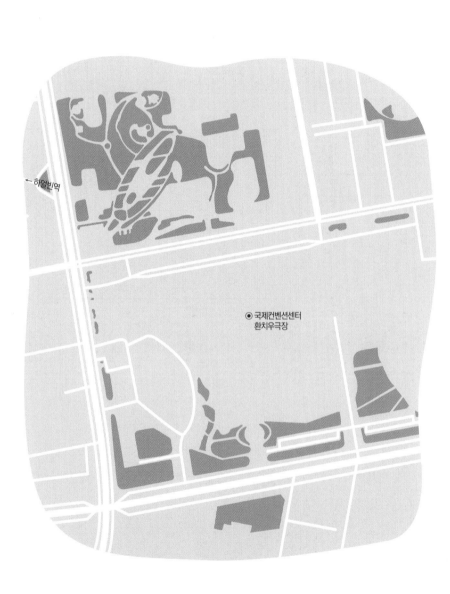

← 하얼빈역

◉ 국제컨벤션센터
환치우극장

# 누가 죄인인가?

　〈영웅〉을 공연한다는 소식에 옌지로 전화부터 걸었다. 공연을 꼭 함께 보고 싶은 사람이 있었다.

　"그때가 2006년 1월이었으니, 벌써 십 년이 지났구먼. 안중근 의사 동상을 세웠다는 기사를 보고 가족들과 하얼빈행 기차에 올랐지 뭔가. 그런데 어찌 된 사연인지 중앙대가를 이 잡듯이 뒤졌는데도 동상을 찾을 수가 없는 거라."

　옌벤방송국에서 일하는 한태익 씨로부터 이 이야기를 전해 들었을 때 나는 몹시 안타까웠다. 모 한국인 사업가가 중앙대가에 세운 안중근 동상은 11일 만에 철거가 됐던 것이다.

　잊을만하면 터져 나오는 안중근 관련 소식은 비단 그뿐만이 아니었다. 하얼빈 역사에 표지석을 세웠다는 둥 동상을 세웠다는 둥, 그런 일이 두세 차례 더 있었다. 그때마다 난 참으로 어리석다는 생각을 하곤 했다. 그것이 항일이든 독립이든, 그 배후에 '혁명'이 뒤따르지 못하면 중국에서는 관심 밖의 일이기 때문이다. 하얼빈에서 약 400km 떨어진 하이린의 '한중우의공원'이 그 본보기라 할까. 하이린시 산쓰진(山市鎭)에서 순국한 김좌진 장군의 이름 석 자가 들어간 기념관을 간절히 원했지만, 중국 정부는 끝내 묵살하고 만 것이다.

중국 혁명의 발단은 1911년, 1913년, 1915년 중국 전 지역에서 순차적으로 발생한 '신해혁명'에서 비롯되었다. 270여 년간 지속된 청나라 제국과 2,000년 이상 이어져 온 황제 체제를 무너뜨린 신해년(辛亥年) 봉기는, 중국사에서 처음으로 공화국을 수립한 혁명의 분기점이었다. 신해혁명을 계기로 1949년 10월, 지금의 중화인민공화국이 들어선 것이다.

다음 날 아침 나는 하얼빈역으로 마중을 나갔다. 여행 중에는 아무래도 배웅 쪽이 더 익숙한 터라 기분이 좀 묘하긴 했다. 개찰구를 빠져나오는 한태익 씨도 우리 두 사람의 순서가 서로 바뀐 것 같다면서 허허, 애써 웃어 보였다.


'뮤지컬 영웅 하얼빈에 서다' '안중근 의사 뮤지컬 영웅 106년 전 그 현장에서 막 오른다' '뮤지컬 영웅 하얼빈 공연 중국 진출 신호탄······.'

한국의 언론들이 앞다퉈 쏟아내는 기사만큼이나 하얼빈 국제컨벤션센터 환치우극장의 열기도 후끈 달아올랐다. 공연을 앞두고 하얼빈 시장, 정무 부비서장, 문화국 국장 등이 극장에 도착했을 때는 약간의 긴장감마저 돌았다.

일행들 속에는 반가운 얼굴도 보였다. 하얼빈 공연에 무대디자이너로 참여한 권인세 씨였다. 그는 한숨을 내쉬듯 짐 이야기부터 털어놓았다.

"이번 공연은 짐이 장난이 아니었습니다. 12미터짜리 컨테이너만 차로 다섯 대 분량이었으니까요. 그만큼 무대에 공을 들였다는 뜻입니다. 인천항에서 선적한 짐이 다롄을 거쳐 하얼빈에 도착하기까지 12일이나 걸렸고요."

공연 시간이 임박해 더는 긴 이야기를 나누진 못했지만, 대구 사람을 하얼빈에서 만난 것도 보통 반가운 일이 아닐 수 없었다.

저녁 7시 10분, 장내를 비추던 조명이 일제히 꺼졌다. 그리고 잠시 후, 컴컴한 어둠 속에서 기차의 굉음이 고막을 자극할 즘 탕! 탕! 탕!

세 발의 총성이 극장 안을 가득 메웠다. 이윽고 영웅은 누군가의 심장을 겨냥한 총성과 함께 자신의 모습을 드러냈다.

너는 다롄을 떠나 하얼빈으로 향하고, 나는 블라디보스토크를 떠나 하얼빈으로 향하는……. 두 사람의 목적지는 같았지만 목표는 달랐다.

> 타국의 태양 광활한 대지 우린 어디에 있나
> 잊어야 하나 잊을 수 있나 꿈에 그리던 고향
> 장부가 세상에 태어나 큰 뜻을 품었으니
> 죽어도 그 뜻 잊지 말자 하늘에 대고 맹세해본다
> 두려운 앞날 용기를 내어 우리 걸어가리라
> 눈물을 삼켜 한숨을 지워 다시 걸어가리라

남의 나라에 와서, 자막에 신경 쓰지 않고 공연을 즐길 수 있다는 것도 축복이라면 축복이었다. 공연 중에 다롄, 창춘, 쑤이펀허, 차이자거우 등이 등장할 적엔 하얼빈으로 연결된 그 길들이 더욱 가깝게 느껴졌다. 이미 한 번 가본 길들은 그렇듯 이제 내 길이기도 했다.

공연 중간에 10분간 휴식이 주어졌다. 초등학생으로 보이는 뒷좌석의 한 아이가 엄마에게 '도마'를 묻고 있었다. 엄마, 도마가 뭐야? 우리 집 부엌에 있는 도마는 아닌 것 같던데……. 그러나 엄마는 선뜻 입을 열지 못했다.

옆자리에 앉아서 공연을 지켜본 할라도 모자가 나누는 이야기를 들

었던 것일까? 할라가 내 어깨를 툭 쳤다. 2라운드(막)가 시작되기 전에어서, 저 아이의 문제부터 해결하라는 신호였다. 의문에는 반드시 질문을 던졌던 도마. 눈으로 직접 보지 않고는 절대 믿지 않았던 도마. 옆구리에 손을 넣어보고 나서야 열두 명의 제자 중에서 제일 먼저 앞장을 섰던 도마……. 그런 도마를, 안중근의 세례명(토마스)을, 한족들이 제대로 알 턱이 없었다. 나는 아이에게 더불어 이 말도 전해주고 싶었다. 뮤지컬 〈영웅〉에 '심장'이 없다면 별로 할 얘기가 없을 것 같다.

'울창한 자작나무 숲 망국의 땅, 우리는 모였다. 간절히 기도하는 마음으로 뜨거운 심장으로!'

'귀 기울여 들어봐요, 이 소리를. 날 일으키는 이 바람, 얼어붙은 내 심장 녹인 이 뜨거운 바람!'

'기적 소리가 우리의 심장 고동치게 하리니, 조국을 향한 그리운 마음 눈시울이 뜨겁다.'

'누가 죄인가? 누가 죄인인가? 누가…… 죄인인가?'

커튼콜을 받아낸 공연의 마지막 장면이 한동안 뇌리에서 떠나지 않았다. 정말 누가 죄인인가. 너인가? 아니면 나인가? 우리 모두인가?

10시경 극장에서 나오자 술 생각이 간절했다. 환치우극장 주변은 이미 자정을 넘어선 분위기였다. 할라가 차를 몰아 찾아간 곳은 중앙대가

인근 한국 식당이었다. 우리는 삼겹살과 소주를 주문했다.

손님치레로 먼저 술잔을 받은 옌지의 한태익 씨가 말문을 열었다.

"안(중근) 의사를 하얼빈에서 연출하자면 그 절차가 보통 까다롭지 않
았을 텐데⋯⋯. 시정부의 검열도 만만찮았을 것이고⋯⋯."

7년 전부터 물색을 했다니까 짧은 시간은 아니었겠죠? 공연 전에 만
난 기획 담당자가 이런 말을 하더군요. 공연진 모두가 독립운동하는 심
정으로 시정부 문을 두드렸다고."

"연변에서도 가끔 가극을 보긴 하지만 오늘 연출은 정말 굉장하더군요. 그만큼 안중근이라는 인물이 일개 총통보다 더 크다는 뜻 아니겠습니까? 공연이 끝났을 때 몇몇 한족들도 그 점을 높이 평가하더군요. 안 의사가 단순하게 이등박문이나 때려눕힌 줄 알았더니 그보다 훨씬 더 큰 거물이었다면서 말이죠."

"그럴 만도 했을 겁니다. 하얼빈이 생긴 이래 탕탕탕 만큼이나 큰 사건도 일찍이 없었으니까요. 거기에다 안 의사는 동양평화론까지 주창했잖습니까."

"그건 방(할라) 선생 말이 맞는 것 같습니다. 나도 오늘 한국 언론의 취재꾼들을 보면서 심히 놀랐으니까요."

"실은 저도 악단들과 해외공연을 꽤 가는 편인데, 오늘은 정말 다르더군요. 그동안 한 번도 보지 못한 기자들의 열정이 돋보였다고나 할까요. 아무튼 보기에 좋았습니다."

그런 의미에서 한 잔. 저런 의미에서 또 한 잔. 오늘 밤은 밀물과 썰물이 따로 없었다. 한번 영웅은 영원한 영웅처럼, 따르는 족족 비워지고 비워지는 족족 채워졌다.

"그리고 이건 박 시인한테 물어봐야 할 것 같은데, 《해조신문》과 '몸종' 중 어느 쪽이 맞는 거요? 오늘 공연은 내용이 좀 다른 것 같아서 말이죠. 이등박문의 몸종인 설희를 통해 이등박문이 하얼빈에 온다는 소식을 전달받은 것으로 되어 있었잖습니까?"

중국의 조선족 학교들이 한반도 역사와 멀어진 게 1958년 대약진운동 때였으니, 누구를 탓할 일만도 아니었다. 그때 교과서가 중국사로 바뀌면서 교사와 학생 모두 까막눈이 되어 갔던 것이다. 기껏해야 조선족 학생들이 배우는 교과서에 조선은 '1894년에 일본은 조선을 정복하고 중국을 침략했다'는 한 줄이 전부였다.

"《해조신문》은 1907년에 폐간됐으니, 《대동공보》가 더 확실할 것 같습니다. 《대동공보》 편집인이었던 유진률의 지원으로 안중근과 우덕순이 블라디보스토크를 떠나 하얼빈에 왔으니까요. 그러고 보니, 안중근과 우덕순에게 똑같은 총을 마련해준 사람도 유진률이었네요."

1909년 10월 21일 오전 8시. 유진률은 그날 블라디보스토크 역에서 장고 끝에 먼 길을 떠나는 안중근과 우덕순에게 검은색 두루스케를 입혀준 뒤, 7연발 브라우닝 권총 두 정을 직접 건네주었다.

자정이 임박해 식당에서 나오자 눈이 내리고 있었다. 할라를 먼저 집으로 보낸 뒤 한태익 씨와 함께 쑹화강을 향해 걸었다. 주변의 거리들이 너무 고요해 숙소로 차마 들어갈 수 없었다. 언제 또 눈 내리는 하얼빈의 텅 빈 거리를 걸어보겠는가.

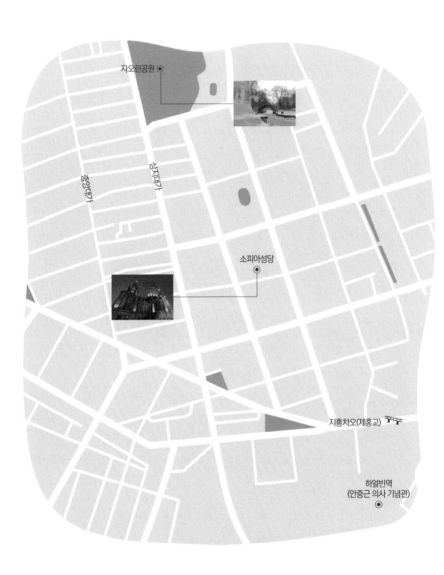

자오린공원 ⊙

중앙대가

상지대가

소피아성당 ⊙

지홍차오(제홍교)

하얼빈역
(안중근 의사 기념관)
⊙

# 하얼빈공원에서
## 역까지

상지대가에서 쑹화강 방향으로 걷다 보면 담장으로 둘러싸인 자오린 공원(兆麟公園)이 나온다. 하얼빈에서 최초(1906년)로 조성된 자오린공원은 안중근이 "나의 유해를 하얼빈공원 곁에 묻어 두었다가 우리의 국권이 회복되는 날 고국으로 반장해 달라"는 유언을 남겼던 곳으로, 공원을 찾을 때면 나는 '곁'이라는 의미를 되새겨보곤 했다. 무슨 연유로 안중근은 공원이 아닌 공원 곁이라고 말했던 걸까? 혹시 자신을 가까이서 보살펴주고 도와줄 만한 사람(곁)이 필요했던 건 아닐까? 그 실마리를 제공해준 사람은 김성백이었다.

러시아 국적의 김성백이 하얼빈 한인회 회장으로 재직할 때다. 김성백은 하얼빈공원 옆에다 조선인 공동묘지를 조성했다. 비록 짧은 시간이긴 하지만 안중근은 유경집(유동하 부친)과도 친분이 있는 김성백을 그만큼 신뢰했고, 암묵적으로나마 자신의 마지막 유해도 청부업을 하는 김성백에게 부탁한 셈이었다.

1909년 10월 23일. 안중근, 우덕순, 유동하는 김성백의 집에서 가까운 하얼빈공원을 찾았다. 이제 남은 시간은 나흘. 공원 근처 이발관에서 이발을 한 세 사람은 사진관에 들러 사진도 찍었다. 거사를 앞두고 세 사람은 마음의 준비를 하고 있었다.

세 사람이 수시로 찾았다는 하얼빈공원에는 1미터 높이의 유묵비가 서 있다. 안중근이 뤼순감옥에서 마지막으로 남긴, 청초당(靑草塘)이라는 유묵이다. 일제의 농간으로 안중근의 유해는 뤼순감옥에서 종적을 감추고 말았지만, 청초당이 어떤 이유로 자오린공원에 세워지게 됐는지는 미뤄 짐작할 수 있다.

자오린공원의 첫 번째 이름은 하얼빈 시립공원이었다. 해방 전에는 공원에 음악당과 극장까지 갖췄다는데 지금은 보이지 않는다. 시립공원이 도리공원으로, 다시 자오린공원으로 바뀐 건 1946년도였다. 1945년 8월 하얼빈을 접수한 소련 홍군은 동북항일연군 제3지대 총지휘자 이자오린(李兆麟)을 헤이룽장성 부성장으로 임명해 치안 업무를 담당케 하였는데, 그의 업적을 기려 개칭한 공원이 지금의 자오린공원이다.

빙설축제가 열리는 기간에는 입장료를 받고, 평상시에는 무료로 개방하는 공원을 거닐면서 나는 '여기는 하르빈 도리공원'으로 시작되는 청마의 시를 조용히 읊조려본다. 청마 유치환도 이효석과 비슷한 시기에 하얼빈을 다녀갔었다.

여기는 하르빈 도리공원

오월도 섣달같이 흐리고 슬픈 계후(季候)

사람의 솜씨로 꾸며진 꽃밭 하나 없이

크나큰 느릅나무만 하늘로 어두이 들어서서

머리 우에 까마귀떼 종일을 바람에 우짖는

슬라브의 혼(魂) 같은 울암(鬱暗)한 수음(樹陰)에는

나태한 사람들이 검은 상념을 망토같이 입고

혹은 뻰취에 눕고

혹은 나무에 기대어 섰도다

하얼빈공원을 주제로 쓴 한 편의 시를 떠올리자니 이런 생각도 든다. 일제강점기에 꽤 많은 글꾼들이 하얼빈을 다녀갔지만 정작 '하얼빈 거사'와는 너무 무관하지 않았나 하는. 사람은 때로 자신을 낳아준 부모보다 자신이 산 시대를 더 많이 닮는다는데, 아라비아의 속담도 별 소용이 없나 보다. 작가는 그 시대를 벗어나 있어도 되는, 면죄부처럼 보인다.

하얼빈공원에서 숙의를 마친 세 사람은 다음 발길을 어디로 옮겼을까?

그들을 따라 나도 지홍차오(霽虹橋)로 장소를 옮겼다. 소피아성당을 지나, 하얼빈역 방향으로 십여 분 걷다 보면 자전거의 페달을 약간 숨차게 밟아야 하는 야트막한 언덕이 나오는데, 바로 그 오르막 정상이 지

훙차오다.

　당시 목재로 된 지훙차오에서 하얼빈역까지는 직선거리로 백여 미터 남짓. 지훙차오에 서면 하얼빈역 플랫폼 구조가 한눈에 내려다보인다. 거사 장소를 귀빈실로 통하는 플랫폼으로 정한 안중근은 다시 역으로 향했다.

　1904년에 건축한 하얼빈 역사는 규모는 그렇게 크지 않아도 러시아식 풍경을 자아냈다. 변한 게 하나 있다면 어제 오후부터 경계가 더욱 삼엄해졌다는 것이다. 러시아군과 청나라 군인들이 역 주변을 에워싸듯이 지키고 있었다. 그 광경을 멀찍이 서서 지켜보던 안중근은 최재형, 이상설, 안창호, 홍범도, 이범윤, 이위종, 엄인섭, 이강, 이준, 유진률……. 머릿속에 떠오르는 대로 그들의 이름을 불러보았다. 연해주라는 척박한 땅에서 조국의 독립을 위해 생사고락을 함께한 동지들이었다.

같은 시각, 이토 히로부미는 기차에서 흡족한 밤을 보내고 있었다. 내일 있을 코콥초프(러시아 재무장관)와의 회담만 계획대로 잘 성사가 된다면, 지금보다 만주의 문이 더욱 활짝 열릴 수도 있었다. 어디 그뿐이겠는가. 내일 회담에서 러시아가 어떻게 나오느냐에 따라 만주에 진출하려는 미국과 유럽의 국가들을 보다 효과적으로 견제할 수도 있었다. 어차피 전쟁이란 상대국을 최대한 견제하면서, 각자의 이권을 추구하려는 고도의 두뇌 싸움이 아니던가. 너무 당겼다 싶으면 한 걸음 늦춰주고, 너무 늦췄다 싶으면 또 한 뼘을 더 당겨오는.

1909년 10월 26일.

하얼빈의 아침이 밝아오고 있었다. 전날 안중근과 마지막 밤을 보낸 사람은 17세의 유동하였다. 나이는 비록 어렸지만 유동하는 하얼빈 지리를 누구보다 잘 알고 있었다. 며칠 전 안중근, 우덕순과 함께 하얼빈에 도착했을 때도 두 사람을 김성백의 집으로 안내한 사람이 바로 유동하였다. 김성백은 쑤이펀허에서 약방을 하는 유동하 부친과 각별한 사이였다.

재판관 : 안(중근)은 그날(1909. 10. 25.) 김성백의 집에서 머물렀나?

유동하 : 그렇다.

재판관 : 같이 잤는가?

유동하 : 같은 방에서 함께 잤다.

재판관 : 안은 다음 날 아침 일찍 나갔다고 했는데 몇 시경인지 알고 있나?

유동하 : 아침은 아침인데 시계를 보지 않아서 잘 모른다.

재판관 : 나가면서 특별한 부탁은 없었나? 이등공(이토 히로부미)을 암살하겠다든가……?

유동하 : 그런 말은 듣지 못했다.


모자를 눌러쓴 안중근이 김성백의 집을 나선 시각은 오전 7시경이었다. 이제 그에게 돌아갈 길은 없었다. '국권회복.' '조국독립.' 자신을 포함한 열두 명의 동지가 여관방에 모여 왼손 약지를 자른 뒤, 그 피로 태극기에 '大韓獨立'을 쓰면서 한 맹서였다.

하얼빈역은 이른 아침부터 코콥초프를 환영하려는 러시아군과 이토 히로부미를 맞으려는 일본 거류민단들로 분주했다. 그들의 동태를 살피던 안중근은 일본 거류민단 틈에 끼어 1등 대합실로 들어갔다.

대합실 창가 의자에 앉아, 차를 마시고 있을 때였다. 지훙차오 쪽에서 열차가 들어오고 있었다. 안중근은 한 번 더 속으로 다짐했다. 내 심장이 살아 있는, 마지막 기회다. 절대 놓쳐선 안 된다!

安重根
안중근

禹德淳
우덕순

刘东夏
유동하

재판관 : 권총의 탄환은 몇 개를 넣었는가?

안중근 : 일곱 개인가, 여덟 개였다.

재판관 : 이등공이 탄 열차가 도착했을 때 어떤 모양으로 접근하였는지 말하라.

안중근 : 차를 마시고 있는데 열차가 도착하였으며, 그와 동시에 악대의 주악이 시작되었고, 군인들이 일제히 경례하고 있었다. 나는 차를 마시면서 이등(이토 히로부미)이 기차에서 내려 마차에 탈 때가 좋을까, 아니면 기차로부터 내릴 때가 좋을까를 생각하다 어쨌든 나가보기로 했다.

재판관 : 처음에 이등공이라 생각하고 겨누었을 때 몇 발을 쏘았나?

안중근 : 세 발을 쏜 걸로 기억한다.

재판관 : 어디를 겨냥했는가?

안중근 : 오른쪽 가슴을 겨누었다.

재판관 : 저격했을 때의 거리는?

안중근 : 십여 보 남짓 되었다.

재판관 : 총구는 군인과 군인 사이에서였나, 아니면 군인의 뒤에서 쏘았나?

안중근 : 군인의 뒤에서 쏘았다.


하얼빈 거사가 있은 후, 현장은 오랫동안 발이 묶여 있었다. 중국과 일본의 수교는 1972년, 한국과는 그보다 20년이 늦은 1992년에 이뤄졌다. 한국전쟁과 남북분단이 중국과 멀어진 주원인이었다.

환영곡이 장송곡으로 뒤바뀐 하얼빈역 1번 플랫폼을 처음 찾은 건 2004년 12월이었다. 하필이면 거사 현장에서 일본인 노부부와 마주친 나는 가볍게 목례만 나눈 뒤 한 발짝 뒤로 물러났다. 적당한 거리에서 일본의 노부부를 지켜보는 것도 그리 나쁘지만은 않을 듯싶었다. 노부부가 한참 동안 자리를 뜨지 않고 지켜본 곳은 플랫폼 바닥 대리석에 표시된 정사각형이었다. 플랫폼 바닥에 적색으로 표시된 정사각형은 이토가 쓰러진 자리, 거기서 몇 걸음 떨어진 곳에 있는 정삼각형은 안중근이 이토를 겨눈 자리였다.

이십 대 초만 하더라도 나에게 안중근은 하루라도 책을 읽지 않으면 입안에 가시가 돋는다, 는 정도였다. 거사니 평화공존이니 하는 것들은 다른 사람의 몫이라 여겼다. 교과서라는 주류에서 너무 일찍 멀어진 탓이기도 했다. 열다섯 살 봄부터 내 밥은 내가 해결해야 했던 것이다.
그런 어느 가을날이었다. 일본의 단가(短歌)를 읽던 중 조금 색다른 글을 발견했다.

생을 버리고 의(義)를 취하고
몸을 죽이고 인(仁)을 이루었네
안중근이여, 그대의 일거에
천지가 모두 전율했소

아마도 이 글을 한국의 누군가 썼다면 별 감흥 없이 책장을 그냥 넘겨버렸을 것이다. 네 줄의 글치고는 너무 유치하지 않은가. 그러나 상대는 일본인이었다. 박노자 교수는 고토쿠 슈스이가 쓴 『나는 사회주의자』를 두고 이런 말까지 했다. '우리가 그(고토쿠 슈스이)를 모르는 것은 우리 역사 교육의 한심한 수준과 일본학 전공자들의 일본 및 동아시아 사회주의 운동의 역사에 대한 한탄스러운 무관심을 노골적으로 보여줄 뿐이다.'라고. 어쨌거나, 일본의 한 작가가 안중근을 기리는 헌시에 나 또한 상당한 충격을 받았다. 1911년 일본 천황의 암살을 모의했다는 혐의로 교수형에 처해진 인물이 바로 고토쿠 슈스이였던 것이다.

하얼빈 거사는 만주 항일운동에도 적잖은 영향을 미쳤다. 연해주를 무대로 펼쳐겼던 항일운동을 만주로 확장하는 계기가 됐으며, 특히 많은 중국인들의 생각과 정서를 바꿔놓기도 했다. 하얼빈 거사 직후 중국 지식층 사이에서 이런 말까지 돌았다. 조선이 나라는 망했을지언정 조선사람은 죽지 않았고, 조선의 원수는 곧 우리(중국)의 원수나 다름없기에 우리의 원수를 조선이 대신 갚은 것과 크게 다를 바 없다는.

그런가 하면 하얼빈 거사는 중국의 총리를 지낸 저우언라이와 덩잉차오의 러브스토리를 낳기도 했다. 저우언라이가 덩잉차오를 처음 본 것은 1919년 여름으로, 그녀의 나이 열다섯 살 때였다. 자신의 모교를 방문한 스물한 살의 청년은 앳된 소녀가 내미는 손을 차마 거절할 수 없었다. 그녀는 가극 〈안중근〉을 연습 중이었다. 가극을 좀 지도해 달라는 덩잉차오의 요청에 저우언라이는 쾌히 승낙했고, 두 사람의 사랑도 그렇게 시작되었다. 그 무렵 학교마다 안중근 관련 가극이 학습의 일환으로 진행되었는데, 하얼빈에서 성황을 이룬 건 해방 후였다. 1946년 하얼빈의 태양극단이 장막극 〈안중근〉을 들고 동안극장 무대

에 오르자 기립박수가 터졌다.

2014년 1월 19일에 개관한 안중근 의사 기념관은 세 가지 의미를 담고 있었다.

첫째는 기념관이 들어선 장소가 거사의 현장인 하얼빈역이라는 점이고, 둘째는 당시의 역사(驛舍)를 그대로 재현해놓았다는 것, 그리고 마지막은 모형 벽시계가 이토를 거사한 오전 9시 30분에 멈춰 있다는 것이다. 지금의 하얼빈역은 1959년에 재건축되었다.

제복 차림의 직원에게 여권을 제시한 뒤 기념관으로 들어서자, 낯익은 얼굴이 보였다. 조선민족예술관에서 몇 번 본 적 있는 최태옥 씨였다. 그녀가 먼저 알은체를 했다.

"안녕하세요?"

"이제 이곳으로 출근하시나 보죠?"

"새 기념관이 문을 열면서 그렇게 됐네요."

전시관에는 청소년과 대학생 등 젊은 관람객이 많았다. 주로 중국인들이었다. 최태옥 씨가 그 점을 설명해주었다.

"개관한 지 1년 만에 십만 명이 넘는 관람객이 다녀갔다는 것도 놀라운 일이지만, 그보다 더 큰 성과는 중국인들의 자세가 몰라보게 달라졌다는 겁니다. 사실 안 의사님 기념관이 민족예술관에 있을 때만 해도 이렇게까지 관심을 보이지는 않았거든요. 그리고 무엇보다 감사한 것은 중국의 학생들입니다. 학교에서 단체로 관람을 올 때면 가슴이 얼마나 뿌듯한지 모릅니다. 장소가 참 무섭긴 무서운 것 같아요."

실내 규모가 약간 비좁다는 것 말고는 애쓴 흔적이 역력했다. 그중에서도 특히 통유리로 된 대형 유리창이 마음에 들었다. 그곳을 통해 거사 현장을 위에서 아래로 직접 내려다볼 수 있어 이제야 그날의 그림이 제대로 그려졌다. 차를 마시던 중 이토가 도착하는 걸 대합실 창문을 통해 지켜봤다고 했던 것이다. 그리고 거사 현장(1번 플랫폼)에는 '安重根擊殺伊藤博文事件發生地'를 알리는 표지판이 큼직하게 걸려 있었다.

표지판 한문 중에서 유독 눈길이 가는 단어는 '擊殺(격살)'이었다. '큰 일을 일으킨다'는 거사가 대중적 요소를 담고 있다면 격살은 '무기 따위로 쳐서 죽인다'는 분노와 증오가 스며 있지 않던가. 물론 그 점을 이해 못 할 것도 없었다. 중국의 반일(反日) 감정이 한국보다 훨씬 깊다는 걸 여러 차례 봐왔기 때문이다. 광복절을 즈음해 한국의 공영 방송들이 특집극 몇 개로 겨우 생색을 내는 정도였다면 중국의 방송들은 더욱 적극적이었다. 중일전쟁의 발단이었던 루거우차오 사건을 비롯해 난징학살, 731부대 등 현재까지도 미제로 남은 사건들을 집중적으로 다뤘다. 방송 일수도 일주일을 넘기면서까지.

한반도를 둘러싼 중국과 일본의 미묘한 자존심 대결은 그것으로 끝이 아니었다. 하얼빈역에 안중근 의사 기념관이 개관된다는 소식에 일본이 먼저 "안중근은 테러리스트"라는 논평을 내자, 이어 중국 정부도 "안중근 의사가 테러리스트라면 그럼 신사에 합사된 14명의 A급 전범들은 뭐냐?"며 맞받아친 것이다.

새롭게 단장한 안중근 의사 기념관에서 나오는 길이었다. 하얼빈역 광장은 떠나는 사람들로 넘쳐났다. 역사(歷史)라는 것도 저런 게 아닐까? 산 자가 죽은 자를 다시 일으켜 세워 어디론가 함께 여행을 떠나는. 아직은 좀 더 물어볼 게 남아 있고, 들어볼 말이 남아 있는 것이다. 다만 역사여, 본래의 길과 그 아픈 숨결을 기억하라!

安重根击毙伊藤博文事件发生地
1909·10·26

← 하얼빈 역

키거리따지에(니콜라이 거리)

⊙
화원소학교

화원가

# 짜이 찌엔 하르빈!

며칠 사이 하얼빈은 폭죽 소리로 요란했다. 옌지와 무단장에서 지켜 본 중국의 음력설 풍경은 전쟁을 방불케 했다. 그믐날 오후의 폭죽이 팡팡 아이들 소꿉놀이 수준이었다면, 초저녁부터는 적군과 아군의 본 격적인 추격전이 벌어졌다. 급기야 시간이 자정을 향해 치닫자 여기서 두두둑 저기서 두두둑, 한 치의 양보도 없는 연발탄 폭죽에 도심은 곧 전쟁터로 변했다.

설을 앞둔 거리도 인파로 들끓었다. 은행들이 모여 있는 은행가(銀行街)를 지나올 때만 해도 한산하던 거리가 궈거리따지에로 접어들면서 귀청이 떨어져나갈 것 같았다. 물 반 고기 반이라는 말밖에는 떠오르는 게 없었다.

궈거리따지에와 화원가(花園街)가 교차하는 지점에 있는 화원소학교는 건물 자체가 독특했다. 자칫 기존의 학교 건물을 생각하고 갔다가는 낭 패를 볼 수도 있었다. 유럽풍 구조에다, 차들이 붐비는 대로변에 있어 서 나도 처음엔 스쳐 지나고 말았던 것이다.

동청철도 완공으로 생겨난 하얼빈(귀거리따지에)의 가장 큰 변화는 각국의 영사관이었다. 1907년 러시아를 시작으로 미국, 일본, 프랑스, 독일 순으로 영사관들이 들어서자 하얼빈은 곧 국제도시로 변모했다. 그 중에서도 일본은 청나라, 러시아와의 전쟁에서 이미 전승을 거둔 터여서 누군가 차려놓은 밥상에 숟가락만 얹으면 밑질 게 없는 장사였다. 1907년 3월 하얼빈주재 일본 총영사관은 그렇게, 지금의 화원소학교 자리에 세워졌다.

　거사 직후, 러시아 헌병에게 붙잡힌 안중근은 그날 밤 하얼빈주재 일본 영사관에 넘겨졌다. 더 정확히는 영사관 지하 감방이었다. 직업을 묻는 미조부치 다카오(溝淵孝雄) 검사의 인정신문에서 안중근은 서슴없이 자신의 직업을 포수라고 밝혔다. 떠오른 사람은 홍범도였다. 함경도 갑산 일대의 포수들을 규합, 포수협동조합을 결성한 홍범도는 항일운동의 외길을 걸어온 사내였다. 아니나 다를까, 홍범도를 잘 아느냐는 검사의 질문에 안중근도 짤막하게 대답했다. 내가 아는 홍범도는 함경도 의병의 거물이라고.

　또 한 사람은 백범 김구였다. 싸울 때, 관군에 쫓기는 김구를 몰래 숨겨준 사람은 안중근의 부친 안태훈이었다. 안태훈은 청년 김구의 부모까지 모셔와 함께 지내도록 배려를 아끼지 않았다. 그때의 인연으로 김구는 훗날 안중근을 다음과 같이 기억하고 있었다. 매우 영리하고 사격술이 뛰어나 한 번 겨눈 것은 절대 놓치는 법이 없었다고.

화원소학교 보일러실(옛 일본 영사관 지하 감방)

    서간도에서 활동하던 김동삼(서로군정서 참모장)은 무대를 북간도로 옮겼다. 일제의 만주 침략은 독립운동에도 커다란 지각변동을 일으켰다. 조선에 이어 만주마저 일제의 손으로 들어가자 더 이상 길(희망)이 보이지 않았다. 김동삼이 하얼빈에서 붙잡힌 것도 그 무렵의 일이었다. 새 활로를 모색코자 무대를 서간도에서 북간도로 옮겼지만 일제가 쳐놓은 그물망을 헤쳐 나가기에는 역부족이었다. 그렇지만 김동삼은 하얼빈주재 일본 영사관 지하 감방으로 끌려와서도 끝내 자신의 소신을 굽히지 않았다. '만주벌 호랑이'답게 그는 단식투쟁으로 맞섰다.

    10년 형을 선고받은 김동삼이, 서대문형무소에서 옥사한 뒤였다. 그의 유해를 한강에 뿌려준 사람은 만해 한용운이었다. 그때가 언제였을까, 만해가 서간도에 있는 신흥무관학교를 찾아갔던 때가. 신흥무관학교 설립자인 우당 이회영은 먼 길을 찾아온 만해에게 이런 당부를 했다.

    "스님은 조선으로 돌아가, 그곳에서 싸우다 생을 마치는 독립군들의 마지막 길을 좀 도와주시오."


        난공불락, 왜세의 도마 위에
        섬섬옥수 열 손가락 얹어 놓고 하는 말
        천지신명 듣거든 사람세상 발원이요
        탄압의 말뚝에 국적 따로 있으리까
        조선여자 무명지 단칼에 내리치니

피로 받아쓴 대한여자독립원
아직도 떠도는 아낙의 무명지
—고정희, 「남자현의 무명지」 부분


영화 〈암살〉을 통해 우리 앞으로 한 발짝 성큼 다가온 남자현. 경상
북도 석포에서 나고 자란 남자현도 시인 고정희처럼 독실한 기독교 신
자였다. 평범한 주부로 지내던 그가 마흔의 나이에 총을 든 투사로 변
신한 건 남편의 죽음을 지켜보면서였다. 의병으로 활동한 남편이 사망
하자 아들과 함께 만주로 망명한 남자현은 서로군정서의 유일한 여성
대원으로, 청산리 전투에도 참가했다.

1932년 5월, 국제연맹 조사단이 묵던 중앙대가 모던호텔 주변은 팽
팽한 긴장이 감돌았다. 만주국 수립 승인을 받아내려는 일본과, 이를
저지하려는 반대진영의 움직임이 심상치 않았다. 만주사변을 계기로
일제는 각 가정에 만주국 국기를 게양케 하고 천황의 사진까지 벽에
걸어두라며 엄포를 놓았지만, 반대진영에서는 국제연맹에 일제의 만행
을 담은 호소문을 전달하려고 목숨도 아끼지 않았다. 국제연맹 조사단
이 하얼빈에 머문 2주 동안 경비병에게 붙잡혀 총살당한 수만도 모두
8명(러시아인 5명, 중국인 2명, 조선인 1명)이나 되었다.

이 소식을 전해 들은 남자현은 어금니를 질끈 깨물었다. 그녀의 나이
어느덧 육십. 마지막 싸움이 될 수도 있었다. 몸에 늘 한 자루 총과 비
수를 지니고 다녔던 그는 자신의 왼손 무명지를 잘라 '大韓獨立原'이

라고 쓴 뒤, 모던호텔로 향했다. 듣던 대로 남자현은 총을 든 여전사였다. 남자들도 뚫기 힘든 삼엄한 경비대를 뚫고 들어가 국제연맹 조사단에 피로 쓴 다섯 글자를 전했다.

울분은 사라지지 않았다. 국제연맹으로부터 승인을 받아낸 일제가 창춘에서 만주국 기념행사를 한다는 소식에 남자현도 몇몇 동지들과 함께 창춘으로 떠날 계획을 세웠다. 하지만 그녀의 계획은 무기를 운반하는 과정에서 울분을 삼켜야 했다. 일제에 발각된 남자현은 언젠가 안중근이 말했던 하얼빈공원 곁, 조선인 공동묘지에 묻히고 말았다.


화원소학교 보일러실로 바뀐, 옛 일본 영사관 지하 감방을 둘러볼 때였다. 뤼순감옥으로 압송되어 떠나는 남편을 전송키 위해 이곳을 찾은 한 러시아 여성의 거친 목소리가 감방 안을 쩌렁쩌렁 울렸다.

"말해보라, 내 남편이 도대체 무얼 했다는 거냐? 동양의 원숭이 새끼들에게 말해주겠는데, 내 남편을 무사히 돌려보내 주지 않을 땐 너희 섬나라를 산산이 바수어 바다의 쓰레기로 만들어줄 테다!"

그녀는 다시, 남편을 향해서도 외쳤다.

"조도선, 당신? 절대로 져서는 안 돼요! 나는 언제까지라도 당신이 하얼빈으로 다시 돌아올 때까지 기다릴 거예요. 알았어요?"

세탁소 품팔이로 갖은 고생을 하며 1년 6개월 뒤에 상봉했을 조도선 부부를 떠올리며 지하 감방에서 나오자, 간만에 하얼빈 하늘이 푸른빛을 띠었다. 나도 이제 떠나야 할 시간이었다.

가방 속에 든 비행기 표를 확인하던 난 하얼빈역으로 나가 기차를 타고 싶었다. 삼면의 바다 말고는 빠져나갈 곳이 없는, 하얼빈은 그래서 더욱 떠나기 어려운 도시인지도 모른다. 기차에 오르기만 하면 오늘 밤 안으로 국경을 넘어, 또 다른 사람들을 만날 수 있는 것이다.

박영희 _ 시인, 르포작가. 1962년 전라남도 무안군에서 태어났으며, 1985년 문학무크 《민의》에 시 「남악리」 등을 발표하면서 등단하였다. 그동안 시집 『그때 나는 학교에 있었다』 『즐거운 세탁』 『팽이는 서고 싶다』 『해 뜨는 검은 땅』 『조카의 하늘』, 르포집 『나는 대학에 가지 않았다』 『내 마음이 편해질 때까지』 『보이지 않는 사람들』 『만주의 아이들』 『아파서 우는 게 아닙니다』 『사라져 가는 수공업자, 우리 시대의 장인들』 『해외에 계신 동포 여러분』 『길에서 만난 세상』(공저), 시론집 『오늘, 오래된 시집을 읽다』, 서간집 『영희가 서로에게』, 평전 『김경숙』, 기행 산문집 『만주를 가다』, 청소년 소설 『운동장이 없는 학교』 『대통령이 죽었다』를 펴냈다.
E-mail : yh548@naver.com

도시산책 01

# 하얼빈 할빈 하르빈

2015년 11월 30일 초판 1쇄 펴냄

**지은이** 박영희 | **펴낸이** 김재범
**책임편집** 윤단비 | **편집** 김형욱 | **관리** 박신영
**인쇄** AP프린팅 | **종이** 한솔PNS | **디자인** 나루기획
**펴낸곳** (주)아시아 | **출판등록** 2006년 1월 27일 | **등록번호** 제406-2006-000004호
**전화** 02-821-5055 | **팩스** 02-821-5057
**주소** 서울시 동작구 서달로 161-1 3층(흑석동 100-16)
**이메일** bookasia@hanmail.net | **홈페이지** www.bookasia.org
**페이스북** www.facebook.com/asiapublishers

ISBN 979-11-5662-182-9
      979-11-5662-181-2 (세트)
*값은 뒤표지에 표시되어 있습니다.

이 도서의 국립중앙도서관 출판예정도서목록(CIP)은 서지정보유통지원시스템 홈페이지(http://seoji.nl.go.kr)와 국가자료공동목록시스템(http://www.nl.go.kr/kolisnet)에서 이용하실 수 있습니다.(CIP제어번호 : CIP2015030737)